山田龍真
RyuShin Yamada

因縁打破《いんねんだは》

修験道最高位・大行満
山田龍真が語る不可知の世界

今日の話題社

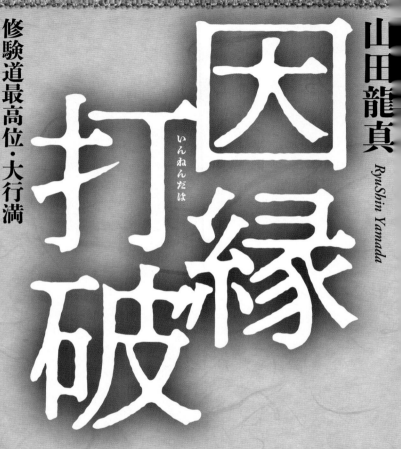

不動明王

龍観音

まえがき

霊魂の存在や、死後の世界を、語れる者は少ない。

霊魂と向き合って、私は四十八年になる。その間、多くの奇跡を見てきた。不治の難病者・奇病者を救済している。それらの者には、必ず、霊魂の因縁が絡んできている。そのため、その解決には、降霊祈祷《こうれいきとう》が不可欠となる。単に先祖供養や水子供養をしただけでは解決できないのである。

死後の世界、浄土、地獄の世界、三途の川、水子霊の怨霊、背後霊と先祖霊との違い、過去世と守護霊、輪廻転生……、人は必ず、これらの何かしらの因縁の影響を受けている。

さらに、人間には二十四の因縁があり、誰もがその中の一つや二つを持っていて悩み苦しむ。それらを詳しく解き明かす。

あの寺、この寺、あの宗教、この宗教に頼っても、これらの因縁は解決できないのである。

大行満　山田龍真

目次

第一章　成仏の真相

死後の世界

あの世という場所は、よほど住みごこちが良いのか、誰も帰ってこない。そのために死後の世界を語れる者はいない。永遠に謎に包まれた世界である。

その謎の世界に、誰もがいつの日か逝《ゆ》かねばならないが、謎の世界ゆえに、死に対して、人は不安と恐怖心を抱いている。人が亡くなっても、まさか自分の順番が近づいていることなど思ってもないし、考えたくもない。死は遥か先の人ごとのように思っている。

般若心経の一節に「転顛夢想《てんどうむそう》」と説かれている。他人が横死《おうし》しようと、事故死しようと、自分はそんな天災、災難には遭わないと思っている。

しかし、無情の嵐は、いつ何どき襲ってくるかわからない。十年先か二十年先か、もっと先かも知れないが、もしかしたら、今日か明日かも知れない。仏から生まれきた以上、いつの日か、仏の古里《ふるさと》に誰もが還って行く。人として生まれきた宿命であり、因縁である。

そこで、死後の世界が存在するかいなかのことになる。人にこのことを尋ねると、その答えは、必ず三つに分かれて返ってくる。

「信じる」

「信じない」

「わからない」

この三つの答えは昔も、今も、これからも、永遠に変わることはない。

私の持論はこうである。

「魂は確実に存在する。したがって**死後の世界はある」**

死後の世界を一口に説明すると、**死の直前の延長が、その人の死後の世界**であり、一人ひとりの死後の世界には相違がある。

息を引き取る直前まで、痛みや苦しみに顔を歪《ゆが》ませていた人が亡くなり、棺に納まる。その亡者《もうじゃ》の顔には、直前まで、苦しみ、もがいた姿など、嘘のように消え去り、眠っているかのように、安らかな顔に変わっている。その姿を見た人は、亡者は成仏したと勘違いする。安らかに永眠してください、と誰もが手を合わせる。

死ぬことによって、肉体も魂も消滅してしまうという考え方が一般的であるが、魂は死後も存在する。確実に存在する。

人が息を引き取ると同時に、魂は、体より離脱する。その魂が、亡者の死の直前に抱いていた念《おもい》を抱いて離れる。そのことから、亡者の体から、それらの直前の念《おもい》が消え去り、浄《きよ》らかな状態になる。

私は、無信仰の家庭に育ったこともあり、信仰が大嫌いで生きてきた。しかし二十七歳の頃より、不治の病に犯され、三年もの間、全身の骨肉の痛みに苦しんだ。「溺れる者は藁をもつかむ」の心境から、大嫌いな寺に行った。寺といっても祈祷師の寺である。

実母とは、四歳の時に別離している。その母が、降霊祈祷《こうれいきとう》によって、見知らぬ人の体に降りてきて、自分は死んだと告げた。

とても信じられない。私は、母は生きていると強く反発した。さらに、その降霊祈祷《こうれいきとう》で母が降りている代人の口から、死因は、肝臓病、○月○日、五十四歳で死んだと言う。とても信じられない話に、逃げるように帰って、騙される、大金を要求される、そんなことが頭の中をよぎっていた。

母の実家に問い合わせて、びっくり仰天、母は亡くなっていた。それも、お寺で見知らぬ者の体に降りた母の霊が言った、病名、死亡年月日に、享年五十四歳まで一致した。このようなことが、本当にあるのだ……。

このことから信仰嫌いの私の考えは変わったが、変わった理由はもう一つある。

その後、哀れな母のために、仏壇の前に、来る日も来る日も線香を絶やすまいと、座り続けた。

そして四日目、深夜に眠りについたのだが、その時、私の体が宙に浮いた。確かに浮いた。ストンと落ちた衝撃も覚えている。それ以来、全身の骨肉の痛みが嘘のように消えた。三十歳の時である。私が仏門に入ったきっかけである。

時の経つのは早い。仏門に入ってもう四十八年になる。その間、多くの奇跡を見てきた。降霊術によって、降りてきた霊が、苦しみや痛みや生への執着や、無念さなどを訴える。依頼者しか知らないはずのことを、他人の体を使って話す。こうなると疑いようがない。霊魂が存在する、しないの問題ではない。信じるしかないのである。その霊の訴えることを解決してやることによって、奇跡が起こる。長い間の難問題が解決する。これまで、どれほどの奇跡を私は見てきているだろう。

霊魂の世界が無いとは言い切れない。これまで数多い降霊祈祷を施した実績に基づいての話である。

人が亡くなり、即、成仏できる確率は、想像以上に低い。せいぜい二%か三%である。百人に対して、二人か三人ということになる。

残りは、死亡年齢を問わず、死の直前の念を抱いたまま、魂は黄泉《よみ》の世界を彷徨《さまよ》うことになる。

即、成仏する人たちは、どのような人だろうか。年老いて、こんこんと眠り続け、老木が朽ち果てるが如く息を引きとる人、このような亡者は間違いなく、死、即、成仏である。あるいは、完全にボケてしまっている人が、亡くなった場合も、即、成仏している。

これらの人には、共通して言えることとは、痛い、苦しい、悩み事、さらに死の恐怖心が消失している。九十二歳で世を去った義祖父が、死の直前に「死にたくない」と言った。その言葉が今も耳に残っている。老人とはいえ、誰もが死にたくはないのである。

成仏とは、どのような世界であろうか、誰もが知りたいことであろう。

たとえば私たちが睡眠の中で完全に熟睡している時間帯がある。その間には夢も見ないし目が覚めた時にその時間の経過に驚くことがある。また、手術を受けるために麻酔薬を使う。目が覚めれば、手術は終わっている。その間麻酔薬の効力によって、何十時間もの間、痛みも感じないし、覚えていない。成仏とは、このような世界である。

臨死体験した人の話は、決まってこうだ。

いわく、色とりどりの花園に立っていた、七色の雲が棚引く場所にいた、対岸で白衣を着た者たちが「こっちへ来い」と手招きしていた、など。

心臓が停止すると、死亡を告げられる。生きている間は心臓から送られてくる血液と酸素によって脳は活動しているが、心臓の停止により脳への血液の供給が止まっても、脳はわずかな酸素で生き続けようとする。その時間、数秒間と言われているが、その短い間に、臨死体験をしているのではないか。死から蘇生してきた人によると、もっと長い時間いたような気がすると言う。酸素の欠乏によって脳が誤作動を起こしていると私は考えている。

話に聞く、色とりどりの花が咲乱れ、小鳥がさえずるような七色の世界とは、駆け離れている。

さて、成仏する手助けとしてぜひ実行してほしいことがある。

死が目前に迫っている人に、励ますことも大事であろうが、もっと大事なことは、躊躇せず、**本人の遺志を聞き出しておいた方がよい**ということである。往々にして、このことをしないで、亡者の念を大きくしてしまう。

ここで、その失敗をした人の実例をとり上げてみる。

御主人が、末期のガンで入院している。手術しても助かる見込みはない。しかし腹《ふく》水《すい》がひどく、本人はとても苦しんでいる。その腹水を取り除くにも体力がないので、施術できない。なんとか可能にしてほしいと、奥さんが祈願を申し込んだ。

その二日後の深夜、私の自宅で娘が、頭が痛い、誰か（霊）来ているみたいと言い出したので、拝んでみた。すると娘から降りてきた男性の霊は、井上ですと言った。

井上と言えば、今祈願しているその井上さん‼

「はい、井上正と言います」

「…………‼」

「あなた、生きてますよネ‼」

「ハイ」

祈祷の中で、生きている人の魂が降りてきたのは、後にも先にも、この一件だけである。

「何の用件です」

「寒くて眠れません」

わかった、温めてあげましょうと、加持をした。

「ありがとうございます。楽になりました。これで眠れます」

「よかったね」

「妻に電話していただけないでしょうか、話したいことがあります」

「いいですよ。でも、十二時を過ぎているので、明朝、電話番号を調べて電話してあげましょう」

「番号は、私が言います」

娘の口から番号がするすると出る。

「……‼　この番号、本当？　伝えることは、何ですか」

「埼玉にいる長男、正一を呼んでほしい。話したいことがあります」

「わかった」

「もう一つ、私は十日後に死にます。このことを妻に伝えてください」

引き受けたものの、十二時を過ぎている、奥さんは休んでいると思うので、明朝電話して伝えますと言った。

「起きているから今、かけてください」

しかし、この番号が間違っていたら、その人に大変な迷惑をかけてしまう。

「お願いですから、かけてください」

念を押してきた。恐るおそる、ダイヤルを回した。呼出し音が、リーンまでいかないで、相手は受話器を取った。

「井上です」

「山田龍真です。夜分、すみません」

「先生どうしたんです」

「信じてもらえないかもしれませんが、今、御主人が、私の娘の体を使って降りて来ています」

「主人は生きていますよ」

私も初めてのことで、信じがたいのだが、寒くて眠れないと言うので、お加持をして差し上げたら、楽になった、これで眠れると言った、ということを伝えると、

「え、そんなことを言いましたか。実の所、夕方から、寒い寒いを連発していて、なかなか眠れなかったのが、先ほどやっと眠りについたので病院から帰って、玄関を入ると同時に電話が鳴ったのです」

寒いということが一致した。

「御主人が、あなたに、二つのことを伝えてほしいと言っている。一つは、埼玉県に住んでいる長男の正一に話があるから、帰って来いと」

「先生、正一のことをなぜ知っているのですか」

「私は知らない、御主人が言った」

「…………‼」

「もう一つ大事なことを言います。御主人は十日したら死ぬと言っています」

「笑……そんなことはないでしょう。お医者さんは、あと半年はもつと言っています」

伝えましたよ、と電話を切る。


十日後に、御主人は死んだ。葬儀が終わって、大事件が起こる。娘婿が大荒れして、祭壇も何もかも、目茶苦茶に壊してしまう。そのことを電話で知らせてきた。

私が「すぐに全員で来なさい」と言うと、

「新仏がいるのに、全員で出かけてもいいのですか⁉」

「かまわない、御主人は婿に乗っている」

皆が到着して娘婿を拝んでみると、案の定、御主人の霊が降りて、息子の正一さんを力一パイ抱きしめて、なぜ帰って来なかったと号泣した。このことから判断して、奥さんは、息子を呼び戻していなかったようだ。

息子に話したかったことは、母親を埼玉に連れて行け、家は、娘夫婦にやってくれの二つであった。
もし、十日前に御主人の魂が降りてきていなかったら、このことは亡者の念の中に残り、そのことを伝えようと霊障となって現われて、誰かがその霊障の犠牲者となったであろう。

この一件から見ても、躊躇せず、遺志を聞き出しておいたほうがよい。往々にして、その依頼を実行せず、亡者の念を大きくしてしまう。しかし、すべての遺志を伝えても、意識がある故に、即、成仏はできない。生への執着心、いくつになっても死にたくないのである。

これらに該当しない亡者は、不成仏霊《ふじょうぶつれい》となり黄泉《よみ》の世界を彷徨《さまよ》い、念を伝えるために血縁者を頼り霊障として現れる。
これらの亡者の念を鎮めるのに、浄霊とかお祓いやお経では成仏させることはできない。**亡者の念を解決してやる**しか方法はない。

降霊術は、そのことを可能にする。降霊術に勝る祈祷はない。先祖霊が苦しんでいると指摘されて供養をする、しかし一口に先祖霊といっても、さかのぼれば膨大な数の先祖霊がいる。その中の誰が何の苦しみを抱いているかをつきとめ、そのことを解決してやらない限り、手探りの供養では霊障は消えない。

私の知る経典の範囲内であるが、釈迦の説いた経典に、死者が成仏するという文言は出てこない。主に、生きている人たちが、日常生活を不安なく安心して暮らせるようにということが説かれている。

誰もが、僧侶の読む経文によって死者が成仏して逝くと思っている。生前にお経を読んだこともない者が、死んですぐにお経を理解できるとはとても考えられない。その死に方も千差万別であり、どのような死に方をしても、決まり文句の経文が読まれている。そのことに満足しているのは、遺族だけかもしれないではないか。

亡者は、安らかに眠っているように見えるが、決して心安らかではない。それに加え、最近では初七日《しょなのか》法要を葬儀の日に繰り上げて執り行ったりする。これでは、ますます亡者を迷いの世界に誘導してしまう。

少しきつい言い方をする。**お経で死者は成仏できない**。さらに**死の直前の延長が、その人の死後の世界**であることを、よく理解してほしい。そして、亡者に手を合わせてほしい。

人が亡くなり、葬儀の日から数えて、七日後が初七日《しょなのか》法要である。その前日、すなわち六日目が逮夜法要《たいやほうよう》といって、地域によっては、初七日法要より逮夜法要を重視する。

七日毎に、四十九日まで、七回法要が続く（編注：七日×七回＝四十九日）。この四十九日間の世界を中陰《ちゅういん》の世界と言い、転廻《りんね》の世界では、最も短い。しかし、死者にとっては、とても苦しい世界となる。

いかなる理由があろうと、人間の都合で繰り上げて執り行ってはいけない。とくに、葬儀の直後に近親者の便宜を計っての初七日はよくない。初七日というのは、本来は死者に対しての法要であって、近親者のための法要ではない。七日ということに意味があり、その日に親戚が集まれないのであれば家族だけで行えば充分である。僧侶の勧めがあっても、はっきり断ってほしい。これでは死者の尊厳を奪い、屈辱を与えてしまう。七が一であることなど、あり得ない。正月を繰り上げてクリスマスにするようなものである。

一昔前まで、死者が出ると、四十九日法要まで、家族は喪に伏して、精進潔斎、肉や魚類は、口にしていないで、亡者に敬意を払っていた。現代は、どうであろう‼私の口からは話したくはない。

中陰の世界は、七日毎に関所があり、亡者は、その関所の主にぬかづき、次へと進む。

初七日《しょなのか》、守るは不動なり。昏闇《くらやみ》峠のあてなしと、中陰途切れず備えある、光明便りに越えるなり。

二七日《ふたなのか》、守るは釈迦如来、火ふり峠を逆落し、各々供えし手向ある、水を便りに越えるなり。

三七日《みなのか》、守るは文殊菩薩、うずまき峠涯《はて》なしと、中陰途切れず備えある、日の立つほどに越えるなり。

四七日《よなのか》、守る普賢菩薩、生津《いくつ》の川が現われて、死してめしたる帷子《かたびら》の、六字の名号で越えるなり。

五七日《ごなのか》、守る地蔵菩薩、涙を流す三途川、追善菩薩の功徳《くどく》にて、船に乗りつつ越えるなり。

六七日《むなのか》、守る弥勒菩薩、六道の辻にふみ迷い、自力の心をふり捨て、他力の一つで越えるなり。

七七日《なななのか》、守る弥陀如来、仏前供養のその徳で、家の棟はなれて極楽へ　導き給う有難や。

この七七日忌法要で、死者の魂は、薬師如来の加持を受け、死後、初めて家中に入ってくる。極楽は、家の中に存在するのだ。このことについては、後の章で詳しく話してみる。

初七日法要を葬儀の日に執り行っている人から、「四十九日法要が三か月にかかるとよろしくないと聞いたが」との問い合わせが来ることがある。それこそ迷信である。そんなことを信じないで四十九日くらい正しくしなさいと答えを出す。

前知死観二十五日

前触れもなく、突然人が亡くなる。まさか、自分にはそんなことは起こらないと誰もが思っている。そのまさかのことが、毎日のようにニュースで報道されている。人は、自分の死を予知することはできない。昨日は元気だった人が、突然亡くなってしまう。このような事態を自分に置き換えて考えることもないし、考えたくもない。

前知死観《ぜんちしかん》二十五日を説いたのは、釈迦である。人は、自分が死に近づいていることを察知できないし、周りの人たちも、気付くはずがない。しかし、魂は、いち早く、死を察知する。前述の井上さんの話も、魂が十日後に死ぬと言っている。

魂が死を察知すると、行動や言葉に表れる。例えば、急にやさしくなったり、やさしい言葉を使ったりする。世話になったとか、迷惑をかけたとか、日頃使わない言葉を口にする。大切にしていた物をあげたり、長い間疎遠になっていた親戚や、友人に電話したり、逢いに行ったりする。あまり酒を飲めない人が、その日は大酒を飲んで、思い切りはしゃいで、人を笑わせたりする。急に部屋を片づけたり身辺の整理をしたりする。とにかく、普段と違った言動をする。このようなことが、通夜や葬儀の場で語られるものだが、このようなことに気付いたら、祈祷で難を逃れられる可能性はある。そのためにも普段からの信仰は大事である。

とある会社の社長さんに招かれて秘書と出かけた時のことである。その社長さん、宗教家が話すような立派な話を続けていた。さらに、世の中のすべてが美しく見えると言う。年は五十歳とまだ若いが、会社を出て、秘書に言った。

「あの社長、長くない」

「どうしてですか‼」

「私の直感だ」

その時、秘書には、前知死観の話はしていない。十日後に社長は急死した。初めてお目にかかった方に前知死観の話などとてもできない。もし、信者さんだったら、助けられた可能性はあったかもしれない。

極楽浄土

極楽浄土はどこにあると聞かれても、誰も答えられない。話に聞く浄土、絵画で見る浄土を想像するしかない。

仏教の教えでは、浄土の国は、西の方位の億万の先にあると説かれているが、西へ西へと億万めざして進んでも、地球は丸いのだから、到達する先は、出発した地点に戻ってしまう。

あくまで私の考えで言わせてもらうが、極楽浄土は、どこにもない。

私の答えは、極楽浄土は、家の中の仏壇の先祖の位牌にある。

人は、浄土の国は、地上でなければ、天空か、星などを想像してしまうものだ。ちなみに浄土とは、静かな、美しい、平和、ということを意味する。

「いま死んだ　どこへも行かぬ　ここにいる　たずねはするな　ものはいわぬぞ」

とは一休禅師の歌である。


人が亡くなった時、大小二基の白木の位牌が建つ。大きい方の位牌は、ご遺体と共に荼毘《だび》に伏す。小さい方は家の内の祭壇に、四十九日法要まで安置する。ちなみに、この位牌には、死者の魂は宿らない。一説には四十九日法要までの間、亡者は生前にお世話になった人たちに挨拶して回っているとか‼


四十九日法要で、薬師如来の加持を受けて、魂は浄められ、それで初めて家の内に入ってくる。

そして魂は、用意された黒塗りの位牌に宿り、五十回忌を迎えるまで過ごすことになる。この世界のことを幽霊界という。

百日忌法要、初盆供養を済ませて、一周忌を迎え、五十回忌まで、十回の回忌法要がある。これらを正しく執り行ったかどうかは、その仏に聞いてみなければわかるまい。

どちらにせよ、五十回忌法要は大事な法要である。愛染明王の加持を受けて浄められた魂は、幽霊界より、浄土の世界に入る。その時、黒塗りの位牌は処理される。魂は先祖霊として、先祖の位牌に入る。そこが浄土である。

仏壇があっても、先祖の位牌が祀られていない家が多い。その理由として、本家で祀っているからというのが多い。先祖は誰にもいる。家を構えたら、仏壇を安置して、先祖の位牌を祀り、手を合わせたほうがいい。それぞれの家の中に浄土の世界を構築したほうがいいのである。仏壇のない家や、仏壇はあっても先祖の位牌が祀られていない家は、平和は望めない。

三途の川

亡者が三途《さんず》の川を渡り終えると、鬼が亡者の着物を脱がせ、計量する。その着物が重ければ、三途の川幅が広く、水かさが深かったことになる。亡者の生前の罪過が問われ、閻魔大王の命により、地獄に送りこまれる。その地獄も一丁目から八丁目まであり、八寒八熱《はっかんはちねつ》の地獄である。

一、等活《とうかつ》地獄　一番身近にある
二、黒縄《こくじょう》地獄　段々と地獄が深くなってくる
三、衆合《しゅごう》地獄　自分の力で、脱出できるのはここまで
四、叫喚《きょうかん》地獄　ここから、自力では脱出は難しい
五、大叫喚《だいきょうかん》地獄　強欲者が送りこまれる
六、焦熱《しょうねつ》地獄　嘘つきや、人を騙した者が行く
七、大焦熱《だいしょうねつ》地獄　大罪を犯した者が行く

八、無間《むげん》地獄　貪欲者、親不孝者が送り込まれる

この無間地獄は、地下十万キロとも二十万キロとも言われる深い場所にあって、自力でも、他力をもっても助け出せない。

生前に善事をしてきた亡者の着物は軽い。よって、極楽浄土へと進むことができる。

極楽浄土も九つの世界に分かれている。九品《くほん》の浄土という。

私は、人々に次のように説いている。地獄も極楽も、三途の川も、この世にある。三途の川の一つは貪欲の川、二つは愚痴の川、三つは煩悩の川である。

三途の川は、三途の道と言うのが正しい。毎日の生活が三途の道で、両端に地獄と極楽が平行していて、一日の中で、浄土の世界に入ったり、時には、地獄にも入る。

油断はできない。一瞬にして無間地獄に落ちる要素は、誰にもあることを知ってほしい。交通事故。特に、運転中にスマホを見ている、電話をしている。酒酔い運転。賭け事、保証人……、探せばまだたくさんあるだろう。

因果応報

人の一生、長しと言えば長し、短かしと言えば短かく感じる。人それぞれの考え方の相違である。

現代の日本人の平均寿命は、飛躍的に延びている。鎌倉、室町時代までさかのぼると、人の寿命は倍にも延びている。まもなく男女とも平均寿命は百歳台を迎えるだろう。しかし、いくら寿命が延びても、永遠の命ではないことは確かである。

だから、私たちは、悔いのない生き方をしなければならない。もし自分にその時が来たら、楽に死にたい、苦しみたくない、できれば眠っている間にとか、勝手なことを願う。

もし寿命が買えるとしたら、いくら高くても、買いたい人はたくさんいるだろう。

贅沢もやめ、身を飾る宝石類も車も我慢して、寿命を買うために、それこそ死にものぐるいで働くだろう。しかし残念ながら、何をもっても寿命の延長は不可能である。その死がやってきた時、周りの誰もが何の頼りにもならないし、神や仏にすがっても助けてはくれないのである。だから、私たちは、生命への感謝をして、満足な生き方、終わり方をしなくてはならない。

人は皆、何かしらの因縁《いんねん》を背負って生きている。これを運命とか宿命とも言う。人間には、基本的に二十四の因縁がある。このことについては、後の章で詳しく説明したい。

因縁といえば、悪いことのように捉えられるが、良い因縁もある。因とは種という意味で、縁とは、その種から芽が出た状態を言う。

良い因縁をもつには、良い種を手に入れる必要がある。その方法をいくつか紹介したい。ぜひ実践してほしい。

一、人が喜ぶように、助かるように生きる。

一、善意で人に接し、その人に最善をつくしなさい。

一、頭は、いくら下げても、損はしないし、人格も下がらない。

一、強欲を捨てなさい。

一、人の悪口、蔭口は言ってはいけません。

一、思いやりのある言葉を使いましょう。

一、布施行《ふせぎょう》をしなさい、布施行には四つあります。

一、金施、この金施をする先は神社寺院ではありません、お金のある人は、貧しい人や苦しい人にお金を布施してください。

二、物施、どの家庭にも、捨てるには、もったいないと、しまい込んでいたり、放置している品物があります。ほしい人に差し上げ、使ってもらったらいい。仏教の教えに不殺生の戒の中で、このことが説かれています。

三、身施、困った人のために身をもって助ける、ボランティア活動などがそうです。

四、語施、言葉は、使い方によっては、立派な布施行になります。愛語、やさしい言葉が大事です。やさしく、おだやかに話す。笑顔があれば、効果は倍増する。成功している人たちは良い笑顔をしています。

決して、トゲのある言葉や鋭い言葉を使ってはなりません。そんな人には笑顔もありません。常に「ありがとう」「おかげさまで」という感謝の言葉を使ってください。心から言える人には、本当に、有り難いことが起こりますし、よい因を手にすることができるのです。

良い因（種）は、道端には落ちてはいません。

言葉は、使い方によっては、暴力にもなり、武器と化し、悪い因の元となってしまうので注意するのがいい。

お金を追いかけると、お金は逃げる。

大酒を飲み続けると、末は肝臓を患い早死の原因となる。タバコも同じこと。肺ガンになるリスクが高い。そのことを知りながら自分は肺ガンにならないと吸い続け、やっぱり肺ガンになる。

ギャンブルで一発当てようと、大事なお金を使ってしまう。そして借金を重ね、大事なものを失う。

これらの人は、共通して言う言葉がある。

「太く短かく生きる」やりたい放題の人生の言い訳である。その言った通りの言葉が現実となって、哀れな人生の終わり方をする。あまりにも身勝手、自分本位の生き方に、神も仏も救いの手を差し出さない。

嘘をつく者は、良き友を失う。

人を騙し、金品を奪えば、先には、その倍、三倍の罪科に問われることになる。以上はすべて因果応報の法則である。

第二章　二十四の因縁

因縁とは

ある祈願文の中に、このようにある。

長い人生を送るなかで、振り返ってみると、意外と困難多くして、歓楽少なく、災厄しばしば到りて、幸運は少なく、終日、努力するも、暮らし楽にならず。

天道は、是か非かの難は、何人も免がれざる所にして、不幸、不運のどん底に沈み居る者多く、現世の世想は、文明も呪うべく、神も仏も、本当に居るのかと疑いたくなる。そんなことから、人を怨み世を怨むも、止むなきことかもしれない。人生の不幸、不運は、素よりその人の不注意、不熱誠、不勉強によることが多い、いかに努力しても、為すこと、行うこと、ことごとく喰い違いて悲嘆に陥ってしまう。さらに、不意、不時の災難に陥ることもある。

これらのことは、意外と自分以外の、なにか見えぬ因縁によって起きていることが多い。

例えば、親や祖先の災いによって起きることや、住居、墓、一族に対して、怨霊の気が覆ったり、自分自身に悪霊、怨霊等が附きまとったりする。これらがいろいろ競合して、万事を不幸に導き、一切を破壊に至らしめている場合がある。これらのことを因縁という。

良い因縁の種は、努力して手に入れ、育てなければならない。しかし、悪い因縁は、早くその根を絶たないと、発芽したら大変である。これから先は、悪い因縁の話になる。人間には、基本的に、二十四の因縁があり、その中のいくつかが、あなたにもあって、それが、あなたを動かし、あなたの人生を決定するのである。

二十四の因縁の素は、大半が先祖霊と墓が絡んでくる。その因縁によって、人は倒され病気になったりして苦しむ。

この因縁を、四十年前に恩師・法現坊から教えてもらった。いま、自分の経験を加えて説明する。

怨霊の因縁

数多い降霊祈祷の経験の中で、この話が最も恐い。

築百二十年の家を取り壊して新しく家を建てることになった。工事を進めていると、床下から、一人分の白骨が現れた。相当に古い骨と見え、誰もが警察に届ける必要はないと判断した。骨は、家主が処理している。

その骨の出た場所を避けて、家が建った。新築祝いに村人が集まり、大宴会となる。昔は庄屋をしていただけに、祝客は多かった。

ところが、翌朝、母が亡くなっている。しかし、家族は、一晩だけでも、新しい家で眠れたことを、逆にうれしく取った。

二日後、泊り込みで祝席に来ていた次女が突然死する。こうなると、骨のことを知っている者たちの間で、あの骨の祟りじゃないかと噂される。

次女が亡くなって七日後、家主がバイク事故で亡くなってしまう。享年四十四歳、家を建て、わずか十日間で三人が亡くなってしまった。それだけではない。男の子二人が、日が暮れると同時に頭が痛いと言いだし、おまけに鼻血を出す。朝になると痛みは消え、学校に行く。日が暮れると、再び頭痛に鼻血といった日が続いている。

そんな実家を助けてほしいと、他県に嫁いでいる長女が依頼してきた。

その家に着いたのは午後三時過ぎ、二十人近い親族が集まっていた。全員で、骨のありかを探し廻ったがわからない。二人の霊能者に来てもらったが、玄関にも入らずに手に負えないと帰ってしまったと言う。死の原因はその骨にあると私は判断した。御主人を呼び出してみましょうと、奥さんを代人に仕立て、降霊した。

奥さんは、私に霊なんか、と言っていたが、霊はすぐに降りてきて、この家は呪われている、と叫んだ。

皆、命を取られるぞとも言った。

全員、後ずさりして、顔から血の気が引いてしまっている。私が、救ってやるから、骨をどこに持って行ったか言いなさい、と言うと、裏山の松の木の根元に埋めた、と言った。

結局、松の切株の根元より、骨を掘り当てた。石灰化した骨の中で、手か足の骨かわからないが、一つだけ、生《なま》といっても過言ではないほどの骨が混ざっていた。これに魂が宿っている。そして成仏供養をして、呪いを解いた。呪いの理由は言えないが、魂は永遠に生きるということは感じ取っていただけるかと思う。

一、絶家の因縁

この因縁があると、家名が絶えてしまう。

墓じまい、仏壇じまいなどした家にこの因縁が発生する。墓じまい、仏壇じまいは、家じまいの現象である。子供に恵まれないか、いたとしても女児ばかり。まれに男児が生まれたとしても、育たないか、曲がってしまうか、家を出てしまう。家を継ぐことはまずない。

墓があったとしても、無縁化していて、誰も墓参に来ない。仏壇があっても誰も拝まない。

家名を継ぐ者がいなくなることを心配して、父母や祖父母の墓じまいをして、納骨堂に預けて、先には自分たちも納骨堂に納まる計画を立てる。納骨堂を墓と勘違いしないでほしい。

先祖から私たち子孫を、一本の樹木に例えて話してみる（次頁イラスト参照）。

墓じまいするということは、木の根を切断してしまう行為であり、木が育ち枝葉が繁えるには、根（先祖）から栄養分や水分の供給があってのことである。根を断ってしまうと、その後は先祖からの恩恵はまずない。木は枯れ朽ち果てる。墓じまいをすると、家名が消える。

実例を挙げよう。ある人は、先祖はかなりの資産家、本人は三代目社長、二人の男

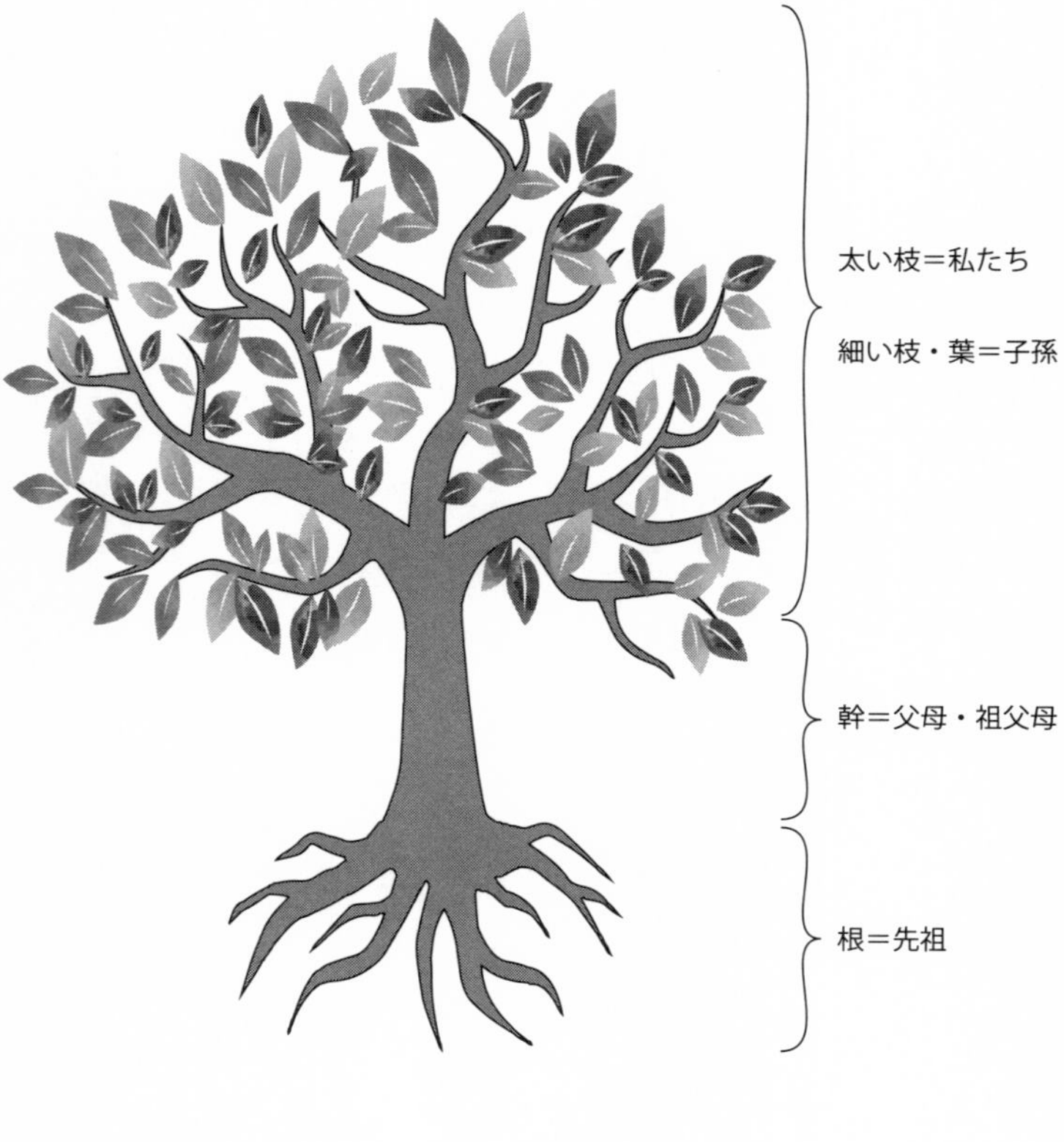
太い枝＝私たち
細い枝・葉＝子孫
幹＝父母・祖父母
根＝先祖

児に恵まれ、順調に来ていた。その社長さんが、私を尋ねてきた。何となく様子がおかしい。大きな精神的問題を抱えていることがわかる。

妻と母の仲が険悪になり、妻は実家に帰ってしまって三年になる。

「子供を置いて?」

「ハイ」

それに離婚を申し出て多額の慰謝料を請求されている。妻が家を出て、二人の子供が精神を病み、うつ状態、社長自身も心労からか、うつ状態。

「社長さん、先祖の墓はどうなってます?」

「近くの寺にあります、祖父が建てた」

「墓から来ている霊障です」

一泊二日の日程を取って社長宅に出かけた。さすが資産家、豪邸である。それに仏壇も立派。

しかし墓に行って驚いた。台石の上に棹石《さおいし》が建っていて、総高一メートルくらい。周りの墓石も皆、同じようなもの、体を寄せ合うように建っている。カロートを開けて、さらにびっくり。小さな骨つぼが七個、土の中に半分埋もれている。社長さんの母親に、「お母さん、この墓に入るんだね」と言うと「いやです」と首を横に振り拒絶した。

墓の小さい大きいは言わないが、この墓は社長さんの家には不釣り合いです。建立して年月も経っているので、新しく建てたらどうでしょう。しかしこの墓地は狭くて良い墓は建立できないので、思い切って郊外に墓地を探して建てた方がいい。

そして新しく五輪塔を建立し、墓地の移転をした。そうしたらどう変わったのだろうか。

離婚は成立、慰謝料は請求額の半分で片付き、二人の子供は誰が見てもたくましく元気になり、長男は医学を見ざしている。次男坊はスポーツ万能、父親も心労が取れてしゃきっとなって商売繁盛。

墓があっても、状態によっては絶家になるということも言える。

二、家運衰退の因縁

この因縁も、墓が関係してくる。祖父母の代あたりから急に衰退してきて、両親の代あたりから鳴かず飛ばずの運命を辿っている。この衰運の因縁は、墓地の移転が関係している。先祖の墓地が不便な場所、遠方とか山の中にあって参拝が難しく、新しい墓地に移転するか、新しく建て替えている。

その時に大きな過ちを犯している。例えば、古い石塔を埋めてしまったり、土葬墓の土を少し持ってきて新しい墓に納める、これらのことで魂の移転ができたと信じてしまう。僧侶のお経に安心してしまう。

墓地で眠っている先祖霊等は、お経の意味など解っていない。新しく墓を建て、先祖は、喜んでいると、思い込む。新しく墓を建てることはとても良い行為であり、たしかに先祖は喜ぶ。しかし移転して建て替えるには、墓地移転の作法が正しく行なわれてないと、衰退の因となる。こういった家には、似た特徴がある。新しく建てた墓は、馬鹿でかい、そして自己満足する。先祖霊は喜んでいると。

さらに、墓地の片隅に、古い墓から持ち込んだ棹石を並べている。これらが衰退の因となり、先には、絶家因縁になる。

ある社長は、商売で大儲けしたので、先祖の墓を造り直した。それからというもの、その社長は常に激しい頭痛に悩んでいるという。

その墓を視るために出かけた。その新しく建てた墓は、馬鹿でかく、相当の金額を支払っていることがわかる。

「古い墓地を見せてください」

と、寺の塀添いの畳二枚くらいの古い墓を見ると、ゴミ置場になっていた。

「以前、土葬墓があったでしょう」

「ハイ、七、八基ありました」

「その後、どうしましたか」

「石塔は、供養になると、新しい墓の下に埋めました」

「骨は」

「住職が、一握りの土を新しい墓のカロートに納めました」

「魂は上っていません」

「エ……」

「しかも、先祖の上にゴミが山積されている。あなたの頭痛は、私の作法で治まります」

言った通り、その後、頭痛は治っている。

しかし、その後がいけない。会社で大事故が発生、七人死亡、それが発端で、会社はまもなく倒産、長男が脳梗塞で倒れた。そして絶家になるのに、そう長くないと判断する。

何をするにも、お経も大事だが、お経で解決できないのが作法である。

墓の移転、新建墓する際は、プロにしてもらった方が、後の世の子孫が助かる。

もう一つ例を挙げておく。

七五歳になる女性の腹部に帯状疱疹が発生し、入院加療中であったが、なかなか治らない。それればかりではなく、どんどん帯状疱疹の範囲が広がっていく。ましてその痛みたるや筆舌につくしがたいものがあるらしく、四階の病室の窓に危険防止のための鉄格子がなかったら、いつ飛び降りてもおかしくないようなありさまだという。

そんな母親の苦しみを見るに見かねて、実の娘（五二歳）が私のお寺で祈祷を受けさせてやりたいので、一日の外出許可がほしいと担当医に申し出た。しかし外出許可は出なかった。

医者にたいして、お寺とかご祈祷とかいわなければよかったのにと思ったが、あとの祭りである。

娘さんから電話がはいり、なんとか私から担当医を説得してくれとたのんできた。そのときの医師とのやりとりがすこしおもしろいので紹介する。

「奥之院の山田といいます」

と私。

「○○です。あなたのことはよく存じております」

と医師。

「先生、半日でいいですから外出許可を出してやってくださいませんか」

「駄目です」

予想はしていたが、医師はそっけない。

「なぜです？」

「この方は病人ですから」

霊障ということを頭から否定している。

「病気の人がもう半年も入院して治療を受けているというのに、ますます症状が悪化してきていると聞きましたが、どういうことですか？」

この詰問にすこし頭に血がのぼったのであろう、医師の言葉がたちまちトゲトゲしくなった。

「私どもは一生懸命やっていますよ」

「外出許可が出せないのなら、私から病室に出かけましょう。よろしいでしょうか」

「お断りします」

「本人は死にたいくらいの激痛に苦しんでいると聞いていますが、もし最悪の事態にでもなったら、病院のほうで責任がとれますか？」

返事はない。ガチャンと電話をきられてしまった。

すぐにおりかえし電話がかかってきた。娘さんからである。こんどは、外出許可が出たからすぐに行くというのだ。それも半日ではなく、三日でも四日でも好きなだけ外出していいというのである。担当医もそうとう頭に血がのぼって、捨鉢になったのかもしれない。

それから二時間ほどして病人がやって来た。かなり大柄で、気丈夫なお婆ちゃんであった。

さっそく患部を見せてもらった。帯状疱疹という病名がうなずけた。女性が着物を着るときに締める帯のように腹部が赤く腫れていた。この疱疹が腹部を一周すると命はないとも聞かされる。

とても痛みがあるらしく、患部に布地がふれても激痛がはしるという。その赤く腫れあがった帯状の患部に「⿱鬼⿰鬼鬼出驚直至道場唸急如律令」(悪魔は驚いて、早くこの体より立ち去れ)と筆ペンで書きあげ、九字をきって病者加持祈祷を施す。

ついで私の霊感がひらめいた。

「お宅に仏画の掛軸がありますね」

「はい、あります」

「その掛軸に、上から何か重いものが乗っている」

「そんなことはないですよ。お爺さんが古物商からゆずり受け、床の間に掛けて毎日拝んでいました。ただ、お爺さんは昨年亡くなりましたので、押し入れにおさめておりますが、上からものを乗せるなんてしていません」

娘が自宅にいるご主人に電話でこのことを伝え、確認をたのむ。返事はすぐに入った。たしかに、掛軸の上に荷物が乗っている。そればかりではない、横の荷物にはさまれて、半分におし曲げられているという。

すぐに持参してくれ、と娘がたのむ。母親は、信じられないという面持ちである。

やがて問題の掛軸を持ってご主人がやって来た。そこには観音様が描かれていた。一目見て、この掛軸が値打ちのある品であることは素人の私にでもわかった。しかし、おし曲げられた掛軸からは、無惨にもその面影は消え失せていた。

母と娘に、掛軸の御身（魂）を何か別のものにうつしかえてお祀りするように指示する。しかし母親のほうが、

「先生、もう仏事はいやです。爺さまは信仰好きな人でしたが、私どもは信仰はしません。まして爺さまの残した掛軸でこんなひどい目に遭わされるなんて……。この掛軸、先生のほうで処理してください」

と訴える。

「処理してくれといわれても、魂を抜かないと」

「それなら、魂を抜いてください」

あくまでお祀りすることをこばむ。

「魂を抜いただけで、ことはすまないのですよ。その抜いた魂を何か別のものに入魂して、お宅でお祀りをなさらんと」

「いや、祀ることはうちではできません」

お婆さんはかたくなである。

「祀ることができないのなら、掛軸はこのまま持って帰ってください。そして自分で

処理しなさい。私は断る」

「先生、処理しろなんて、うちでできるわけがないでしょうが」

「それならば私のいうとおりにしなさい」

「魂だけを抜き払う方法はないのですか？」

「それができるなら、あなたに障ることはなかった。婆ちゃん、よく聞きなさい。この観音様の魂とはあんたの爺さんですよ。それでも抜くというのかね」

全員がこの一言に驚く。

「なんで爺さんが掛軸の観音様に……」

腑におちない様子のお婆さん。

「だから爺ちゃんを祀るということで、何か別のものにうつして拝みなさい」

爺ちゃんが生前、一生懸命手を合わせたので、その念が掛軸に憑いたのである。祀れ、祀りたくない、でけっきょく話し合いがこじれてしまった。

その日は、よく家族たちとも相談したいので数日の猶予をください、といって帰って行かれた。しかたなくそのあいだ掛軸は私があずかることになった。

帰られて初めて気がついたことだが、母娘が来て帰るまで、四時間以上の時間が経過していただろう。しかしそのあいだ、婆ちゃんは痛いと一回も言ってなかったのである。

「誠意のない人たちね。失礼にもほどがある」

と妻がぐちる。

「いいさ、どうせ近日中に泣きついてやって来るさ」

ところがその泣きを見ることになったのは私のほうだった。

翌朝から腰が抜けてしまい、おまけに足、腰に針で刺されるような痛みが断続的に走る。クソッ、掛軸の障りだ。お婆さんが言うことを聞かないためにひどい目にあった。ののしりの言葉を吐きながら電話をかける。電話口には昨日の娘が出た。

「先生、おかげさまで母はあれ以来、痛みが止まっています。本当にありがとうございました」

「お宅のお母さんはよかろうが、私のほうが障られてたいへんな迷惑をこうむっているんですよ。すぐにお母さんを連れて来てくれませんか。もし来てくれないのなら、たった今掛軸をお宅に送り返しますから」

口調も激しく伝える。そのあいだに仏具店より聖観音像を取り寄せ、待機する。到着と同時に私のありさまを説明して、観音像に魂をうつしかえ、祀るようにむりやりお婆さんに承諾させる。その代わり掛軸は当方で処理をすることにした。

この話が成立したときには、私の体からも痛みはうそのように消えてしまっていた。その後、お婆さんのほうも激痛から解放され、帯状疱疹がこれまたうそのように完治したのである。

そのお婆さんと担当医であった先生とのあいだで、おもしろいやりとりが展開したのだが、このことは読者のご想像におまかせしよう。

「住職はおるか」

呼び声は師匠の法現坊である。お互いの寺が車で一〇分もあれば行き来できる距離なので、よく遊びにみえておられた。

法現坊は寺内の壁に掛けてあった例の掛軸に目をやって、

「なかなか出来のよい観音像の掛軸じゃないか」

という。

「でもかなり破損していますよ。よろしかったらさしあげます」

ほくそえみたい気持ちをおさえる。

「本当にもらっていいのか、これくらいの傷みなら表装をやり直せば立派なものになる。きょうはご利益があった」

とたいそう喜ばれ持ち帰られた。

翌朝、法現坊から電話が入った。

「山田、どうしたことか、腰がぬけて立てんがのう」

問題の掛軸は今も師匠の寺にある。

師匠には悪いが、笑い話みたいな祈祷であった。

三、不定　浮沈　変転の因縁

この因縁を背負った者は、運気（生命力）に根が生じない。そのために何ごとも定まらない。

いわば根なし草の人生を送る。この因縁の元は、例えば父方の先祖の墓が放置されている。すなわち無縁化してしまっている。先祖の墓地の上に、道路が走っていたり、建物が建っている。その下に埋め込まれてしまって、芽を出そう、根を張ろうとしても、できない状態になっている。特に女性は、ちゃんとした結婚生活ができず、再婚、再再婚か、あるいは、妾となる。はなはだしい場合、娼婦となる悲惨な因縁である。

一例を挙げる。四十代の女性が、私を尋ねてきて、この後、自殺すると、とんでもない話をした。

その理由を尋ねると、結婚もうまく行かず、二度失敗している。その離婚の原因は、子宝に恵れないからと言う。さらに、膠原病《こうげんびょう》という難病を背負って、生きていく力がなくなった。せめて先生に一目逢ってから死のうと、東京からやってきたという。

この女性を霊視して判明したことは、先祖の墓が倒れ大きく二つに割れている。男の兄弟の一人が自殺していると出た。

女性は、十六歳の時に東北の地から家出して東京に来て、二十五年近く実家にも帰っていないし、電話もしていない。実家のことは全くわからないと言う。私が、死ぬのはそのことを確かめてからでも遅くないのではと言うと、彼女はその足で二十五年ぶりの実家に帰って行った。

女性が実家に着くと、父親はすでに他界していた。母親に、

「母ちゃん、家の墓、倒れてない？」

「倒れとるよ」

「二つに割れてない？」

「割れとるよ」

「兄ちゃんは？」

「首吊って死んだ」

私の霊視通りだと報告してきた。
彼女は、先祖の墓を新建した。その答えは……。
膠原病は消え、今は池袋に四階建の自社ビルで会社経営をしている。
どんな因縁でも、解決はできる。それには信じるという心が必要になる。

四、中途挫折の因縁

何をやっても、完全な状態に辿りつけない。一応、七分八分までは、順調に事は進むが、あと一歩のところで挫折してしまう。この因縁を背負っている者は、同じ失敗を何度も繰りかえす。その原因は、先祖の中の誰かが、それまで継承してきた宗旨を独断で改宗している。そのことに先祖が腹を立て、そっぽを向いてしまっている。改宗は、家の大黒柱を取り除くのと同じで、家庭内や仕事が安定せず、常にトラブルを抱えてしまう。

ここ一番というところで、必ず人の誤解を受けたり、思わぬ妨害に遭い、すべて失う。ある宗旨に改宗した家から、一年の間に三人が亡くなった。残った二人は女性、しかし、年齢から判断して、子供は望めない。大黒柱をなくした家は壊れやすいのだ。

五、争いの因縁

この因縁も、この家運衰退の因縁につながる。

この因縁は、肉親の者同志、血縁の者同志が互いに、運気（生命力）を損ね合い、傷つけ合って分散していくのである。

おたがいに助け合い協力していくべき肉親、血縁の者が、相争い、離散して、孤立して次第に没落していく。まさに家運衰退の因縁の極みである。肉親同志で異常に仲が悪いのは、この因縁が元にある。

この因縁の原因は、先祖の一人が、本妻の他に愛し養う、すなわち、妾をもち、後に、本妻と同じ墓に葬っている。常に家族間で、不和が絶えない。原因不明の自殺者、失踪者、さらに激しいと家族をも殺害する。

一例を挙げる。早朝、息子を助けてほしいと、母親が駆け込んできた。聞くと、五時頃、息子が起きてきて、台所の出刃包丁を自らの腹に突き立てた。ものすごい出血に、救急隊員も助かるまいと言った。今、病院で手当を受けている。

「先生、息子を助けてくれ」

「墓、いじっていない？」

「先月、いじった。雨が降る度に墓地が水につかるので、ブロックで、一メートルほどかさ上げした」

とにかく、墓地に案内してくださいと、出かけた。

言った通り、ブロックで四方を囲み、一メートルくらい上って、その上に元通りに墓を並べたという。

右に先祖墓、中に祖父母の墓、左にやや小さ目の墓、女性の戒名に女の子の戒名が刻まれている。

「この人、誰です」

「祖父の妾です」

「お骨は」

「すべてのお骨は、先祖墓の下に埋めました」

「お母さん、息子は助かるかも」

骨は掘り出すことはできても、すべての骨が混交しているので、分けるのは無理。妾さんも、早く出たいだろうし、とにかく魂を招魂して、元の墓石に移して上げた。

息子さんは一命を取りとめた。中学校の教員をしていて、なぜ出刃で腹を刺したか、全くわからないといっている。

六、我が子の運気を剋する因縁

この因縁は、五の争いの因縁の変形で、親が我が子の生命力を害するのである。そのため子供は病弱か、あるいは、何かしらの障害をもつ。この因縁は、子供が十歳くらいまでに現象化する。よって、それ以後に症状が表われた場合、別の因縁を調べる必要がある。

もし、その子の生命力が非常に強ければ、十歳までの難は逃れられるが、年を重ねる毎に、素行が乱れ、成人すると家を出て帰ってこなくなる。これは親のそばにいると、生命力を削られて危険なので、親から離れようとする。もちろん、本人は、因縁のことなど一切知らない。

両親のどちらかにこの因縁があると、子供が必ず異常に反抗する。成功者の家庭に素行不良の子供が多いのも、他にも原因はあるけれども、運気の強い親は、得てしてその運気の強さが、子供を害し剋してしまう。

素行不良の子供をもつ親、異常に親の言うことを聞かぬ子供をもつ親は、この因縁の有無を調べてみる必要がある。この因縁が無ければ、比較的容易に治るが、この因縁がある場合、因縁をほどかない限り無理である。

この因縁の調べ方は、まず、自分たちに、水子霊の有無、両親の水子の有無、祖父母の水子の有無、それに、生まれて数ヶ月で亡くなった幼児の供養の有無から見ていく。ずばり言って、水子、幼児の怨霊化の因縁でもある。

七、夫の運気剋害する因縁

女性がもつ因縁である。

夫の運気（生命力）を目に見えぬ力で損ね、削る。といっても、日常生活に於いて、夫を尻の下に敷いたり、夫を虐待するというのではない。因縁というものは、性格に現れる場合と、表れない場合とがある。むしろこの因縁をもつ女性は、夫につかえる、良妻賢母型に多いので始末に困るのである。この因縁をもつ女性を妻にもつと、その夫は、病弱となるか、仕事がうまくいかず、失敗を繰り返す。

運が非常に悪くなるのである。若い時は、夫の方も生命力が強いので、妻の運気剋害にも平気で耐えられるが、妻が一心に仕えれば仕えるほど、夫の運気が悪くなるから厄介なのである。夫が中年以降に、他の女性をつくるのは、無意識に妻の因縁に反発し、そういう因縁のない、運気の穏やかな女性を求め、憩いの場を求め逃避するのである。

この因縁の強いものをもつ女性が、いわゆる後家の因縁と呼ばれる。色情因縁を持つ夫は、他の女性に逃避し、色情因縁のない夫は、趣味とかギャンブルに没頭する。そして冷たい家庭となる。もし、生命力の弱い夫であったら死んでしまう。すなわち後家運と呼ばれる由縁である。この因縁の素は、女性の過去世に問題があり、人によって因縁の現れ方が異なる。

難しい因縁の一つで、精一杯、過去世供養して、難を逃れるしか方法はない。過去世因縁だけに、逆に男性がこの因縁を背負うと、女性が同じ憂き目に遭うことになる。

結婚して、男の子が生まれ、平和の家庭であった。その日は、久しぶりにレストランで、夕食をする、日頃ワイン、グラス一杯しか飲まない主人が珍しく三杯四杯と飲んで、ご機嫌であった。明日は、日曜日で会社は休み、そのせいか、ワインのせいか、なかなか主人が起きてこない。ところが、主人は眠っているかのようにして、死んでいた。

この話を思い出すと、どうしても、この因縁かもと思ってしまう。

八、夫婦縁障害の因縁

夫婦縁、つまり結婚生活に障害が起きる因縁である。なんとなく、お互いに性格が合わず、年中、不満を持ち合って、ゴタゴタが絶えず冷たい家庭になる。またお互いに愛情は持ち合っているのだが、どちらかが病気になったり、長期出張などで、別居を余儀なくされる。

とにかく、愛情の有無にかかわらず、結果的に、夫婦仲がうまくいかない。離婚まではいかないが、とにかく年中、その一歩手前までいって、ゴタゴタしている。

この因縁も、過去世因縁であり、夫婦の過去世が、たまたま、近親の過去世を持ち合せている。別れた方が、お互いの、幸せと、延命につながる。

九、夫婦縁破れる因縁

この因縁を持っている人は、男女とも、配偶者と必ず、生別か、死別は免れない。生き別れとなるか、死別となるかは、相手方の生命力の強弱による。この因縁の素は、男女ともに先祖の供養が全くされていないことにある。仏壇にはほこりが、墓には草が繁えている。

したがって、先祖の護りから見放されている人たちである。早く信仰心に目覚め、先祖供養しなければ、幸せな結婚生活は望めない。

十、逆恩の因縁

これは、恩を仇で返す因縁であり、恩ある人を騙したり、傷つけたりして、金品、財を奪いとる。親を騙して、平気で財を乗っとる。とにかく、恩ある人に、何かしらの損害を与える。激しくなると、恩義ある人を裏切り、名義など、無断で変えて財を乗っ取る。極悪非道な行為を平然として行う。場合によっては殺してまでも金品、不動産など奪う。

この因縁を持つ者は、恩義ある人を裏切る。そのことによって、自分の手足を、もぎ取られてゆく。有力な味方を失い、信用をなくし、孤立して人生の失敗者となる。俗にいう、畳の上では死ねないのである。古い先祖の墓地が、何らかの理由によって、他人に奪われていたり、他人の墓地に無断で墓を建てたりしている。

墓因縁の中では、最も恐い。

十一、刑罰の因縁

運気（生命力）が落ちている時に必ず、難問題や事件を起こす。運気が下がり出すと、とことん下がる。そして、必ず刑罰を受けるような事件を起こす。この因縁をもつ者同志が出会うと、事件が発生する。全く関係のない行きずりの人を刃物で刺したりする。極めて悪い。

刑罰の因縁を持ち合わせた者は、殺人強盗、放火などの凶悪犯となる。この因縁は過去世因縁が多い。それに加え、先祖供養が、全くなされていないのに加え、水子霊の怨霊化したことが加わってきている。時には、土地因縁もこれに似ている。自殺者が出た場所、墓地跡、また地下に石塔が埋められている場所、こういった場所に、家を建て住むことによって、この刑罰の因縁が発生する。

一件のめずらしい現象を紹介する。

知人夫婦が家を新築するので地鎮祭の依頼のため寺に訪ねてきた。

「いいねえ、新しい家を建てるなんて」

私はうらやましい気持ちを表現して相手を喜ばそうとした。

「それが先生、私の家はいいとして、実家のほうが不幸続きでさっぱりなんですよ」

と奥さんが嘆く。

「どうしたんですか？」

「父親の体の具合もよくないけど、兄二人が病気になっているんです。先生、いちど実家のほうに行ってもらえませんか」

と奥さんがいう。

「それはたいへんだね。ご実家は墓の建て替えをしたかな？」

直感で聞く。

「ええ、二年前にやりました」

「よし、今から実家に行ってみよう」

「えっ、今からですか？」

この夫婦には、何かにつけてお世話になっている。こんなときぐらいにしか恩は返せない、と思ったからだ。

それから三時間ぐらいで実家に着く。両親が花、線香、ロウソク、供物をそろえて待機していた。そのまま合流してさらに墓所のある山中へと入って行く。山裾に車を停め、二〇分ほど歩いて山道を登る。そのあいだに父親から、墓をどのようにしたのかと説明を聞く。

二年前、村の共同の納骨堂が完成したので、土葬されていた先祖のお骨を掘り出し、一つひとつ骨壺におさめ、納骨堂にあずけているという。

「それで、墓石のほうはどうしました?」

「骨を掘り出した穴に埋めました」

「何基ぐらいです?」

「たしか五、六基だったと思いますが」

「はっきりした数はわかりませんか?」

「はい、五、六基としか覚えていませんが……」

「墓石は埋めないほうがよかったですね」

そんな会話をしているうちに墓所に着く。驚くべきことに、埋めてあるはずの墓石の戒名が地表にあらわれている。その上を父親は平気な顔をして歩き回る。

「お父さん、墓石を踏んではいけませんよ」

「もうお骨はないからいいでしょう」

「とんでもない。たとえ、撥遣《はっけん》作法がすんでいても、その墓石の魂は永遠にぬけないといわれているんです」

「そうなんですか。私たちは何もわかりませんので」

と恐縮する。

けっきょく、このまま放置しておくわけにはいかないので、あす身内を総動員して墓石を掘り出すことにした。

翌日、みんなで墓石の掘り起こしにかかる。その前に一座の法要を行う。墓石を掘り出す者、墓石を洗浄する者、その水を運ぶ者に分かれ、作業が進められた。

昔の土葬の墓だけに、墓石は小さなものばかりであった。そんな作業のさいちゅう、奥さんの姉夫婦も遠路かけつけて来た。その姉さんが私に声をかけてきた。

「先生、二年前に家を新築したのですが、不思議なことが起こるんです」

「どんなことですか？」

「毎晩同じ夢ばかり見るのです」

「毎晩ですか」

「はい、ほとんどと言っていいほど毎晩見ます」

どのような夢なのか尋ねてみた。

夢にはかならず小さな女の子があらわれて、その女の子が「墓を立てて、墓を立てて」と訴える。そして次には、「重いよ、重いよう」と繰り返し言うというのである。

そんな夢を、新築した家に引越していらい、ほとんど毎晩見るという。そんなことがあったので、行者さんに来てもらって家を祓ってもらった。しかし何の効果もなかったために、次に別の行者さんに来てもらった。

この行者さんは、この土地は昔、墓所だったと言ったので、それなりのお祓い供養をしてもらった。だが、それでも夢の現象は今でも続いているという。また、最近では炊事をしているときも、洗濯や掃除をしているときも、何かわからないが白い影がチラチラと自分のまわりにつきまとう、ともいう。

このときご主人が口をはさむ。

「先生、脳の神経の問題なんでしょうか？　病院に入れたほうがいいのでは？」

奥さんの霊的現象にすこし疲れ気味であることがわかる。

「先生、いちど私の家のほうにも来てください」

奥さんが私に手を合わせる。

「まいりましょう」

簡単に返事をした。しかし、私には、行かなくてもいいことがわかっていた。というのは、この墓の件を片づけ、供養することによって、この人の現象も解決すると確信していたからである。

そんなやり取りのあいだも作業は続いていた。

「お父さん、墓石は五、六基といったでしょう」

大きな声で父親に問う。

すでに八基、九基と墓石が掘り出され、それにまだ何基か残っているのがわかる。

「たしか五、六基だったと思ったがなあ……」

父親は首をひねりながら息子たちに助けを求める。

「はっきり覚えていないが、こんなにたくさん埋めたっけ？」

息子たちも何基埋めたのか記憶にはなかった。しかし、たかだか二年前の話である。覚えていないのが不思議な気がした。

それにしても、すでに一三基掘り出した。もう一基穴の底に突き刺さるようにして残っている。これまで掘り出された墓石はみな横倒しになっていたのに、一四基目の墓石はさかさまになって土中に突き刺さっている。土砂質から粘土質に変わり、最後の墓石を掘り出すのがなかなか困難な仕事となった。

引き抜くにしても手がズルズルと滑ってしまい、墓石にかからない。さりとて、スコップで掘り出すには、穴を横に拡大して掘り下げねばならない。たいへんな仕事になる。

私は一計を案じた。その墓石の土から出ている部分に荒縄をきつく何重にも巻きつける。丸太棒の端をその縄に引っかけて、てこの原理を応用するわけだ。ズバーッと一発で墓石が持ち上がった。

もうこれ以上は墓石がないことは誰の目にもわかる。男衆は掘った穴をすぐ埋め始めた。最後に掘り出された一四基目の墓石は、粘土によって汚れがひどい。この墓石の汚れを姉さんがタワシで洗い落とすことになった。これが片づけば仕事は終わりになるはずだった。

ところが「キャー!」と突然姉さんが悲鳴をあげて、タワシを投げだして走り去ってしまったのだ。

ご主人の顔色が変わる。またもや奥さんに妙な現象が起こったからである。

「どうした?」

遠くでおびえている姉さんに私が声をかける。

「私がそこにいる。私がそこにいる」

震える声で、そんな言葉を繰り返す。かなりおびえているようだ。

「『私がいる』って、あんたはここにいるじゃないか」

本人を指さしていう。

「違うの。その墓石、私なの」

まったくわけのわからないことをいっている。

「こちらへ来て、よく説明してみなさい」

姉さんを墓石の前に立たせる。

「どうしたというの？　この墓石があなたと何か関係があるの？」

「この墓石、私なのよ」

小雪がちらつく寒い日であったが、全員がふるえているのは、寒さのせいではなかった。平然としていたのは私一人だけだ。

「落ち着いて話してごらん」

姉さんがふるえる手で指し示したのは、墓石にきざまれている戒名であった。

「釈妙子童女」とある。また、墓石の横に昭和初期の年号がきざまれてあり、「俗名○○妙子四歳」とあった。

ご主人がぼそっといった。

「女房の名前は妙子といいます」

姉さんの取り乱した理由がわかった。

さて、墓石の供養が終わり、実家でたいそうなご馳走の接待を受ける。父親はふだん酒は飲めないというのに、その日はずいぶん飲んだ。それに一人でよくしゃべった。

「いつもこんなふうですか」

「いいえ、主人は無口なほうなんですが、今日はどうかしていますね」

と奥さんがいう。仏様がよほど喜んだと判断していい。このことはみな同感であった。

「先生、こんどは私の家を調べてくださいね」

姉さんが再度たのんできた。

「もうお宅に行く必要はなくなったよ」

「え、なぜです?」

「今夜から変な夢を見ることはない。よかったね、病院に入れられなくって」

冗談っぽく私は言ったが、これは事実である。これを簡単に説明しよう。

一、夢で「重い重い」といったのは、一三基もの墓石が上に乗っていたせいだ。
二、「墓を立てて、墓を立てて」と言ったのは、妙子さんの墓石が逆さまになっていたからだ。
三、夢に出てきた小さい女の子は、まちがいなく〝妙子ちゃん〟の霊だ。それに家を新築したのと、墓をあつかった年月がほぼ一致する。
けっきょく姉さんの夢の怪現象はその晩より消えた。

それにしても、二年間ものあいだ同じ夢を見せて、自らの〝境遇〟を知らせた妙子ちゃんの霊よ、同じ浄土でも最高の浄土へ行きなされ。

十二、肉体障害の因縁

目が突然、見えなくなったり、手足を失ったりする肉体に障害を受ける因縁である。
つまり怪我、事故の因縁で、自動車、電車、飛行機等の事故に遭うのは、皆、この因縁を持っている。人から障害を受けるのも、この因縁である。

別に病気の因縁を持っている人は、その因縁と結びついて、手術という形になって現れる場合も少なくない。事故で手足を失うというように出る場合のほか、神経痛、リュウマチ、膠原病などで足腰が立たなくなったりする因縁がある以上、治療を受けても、平癒は難しい。

脳障害の因縁を併せ持つ人は、脳溢血、または、脳軟化症などから身体が不自由になって、寝たきりになったりする。この因縁が内臓に表れると、肺、気管支、喘息などの呼吸器疾患に病む。

この因縁の素は墓にある。墓といっても、古い土葬墓である。墓の近くに大木があったり、もしくは雑木林の中、さらには孟宗竹の中に墓地があって、墓が倒れたり、目茶苦茶に壊れたりしている。

それらの根が、土葬された骨に絡んでいる。墓相の中で最も恐い、根絡み因縁である。これまで、根絡みの墓を見てきているが、そのほとんどが、手の施しようがない。

後白河天皇は、大変な頭痛もちだったらしい、そのために日々、苦しんでいた。ある日、天皇の夢枕に観音様が現れて、汝の祖先たちは、大木の下になって、頭骸骨たちは、とても苦しんでいるので、助けてやりなさいと言った。天皇は、さっそく木を取り除き、骨を供養したところ、たちどころに頭痛は消えたという。

友人にとても可哀相で不幸な女性がいるので助けてほしいとの依頼があり、その女性の家に出向いた。やや傾き加減の玄関を入ると、家の中には、家具はなく、電化製品はなく、座敷の隅に、今にも倒れそうな、古びた仏壇、その仏壇にほこりが積もっている。とても手を合わせる状態ではない。

「あなた、ここに住んでいるの？」

「ハイ」

「一人で？」

「ハイ」

「どうして生活しているの？　食事は？」

週に一度の割りで、実家が、食べ物を送ってくれていると言う。

女性の話によると、結婚して、翌日、主人は入院して、それ以来一度も帰ってきていないという。十六年になるとも言った。

普通の精神状態ではない。さらに、主人の母も弟も、同じ病院に入院しているとも言った。

「精神病院‼」

「そうです」

「なぜ実家に戻らないんですか」

「この家を、誰が守るんですか」

守るほどの家でもないのにと内心は思った。

家族全員が神経を犯されている、とっさに墓の根絡みが関係していると判断した。

「墓は」と聞くと、近くですと案内された。

直径二十センチはあろうか、太い孟宗竹の林の中に、何十基あるかわからないが、目茶苦茶に破壊されている。その現場に一歩も近づけない。

紹介者に、これは救えない。彼女に結縁がないから助かっているも、この状態で、家を守るという言葉そのものが、霊障だ。

とにかく実家に連れ戻すことにして、強引に車に乗せた。

別に持って出る品物など何もない。実家に着くと、老夫婦が、この馬鹿者が、と激しく娘を罵倒した。その瞬間、彼女は正気に戻っている。


悪質な憑依霊に地縛霊（その場に住みつく死霊）地縛霊に憑依されて、生命にかかわることになった例を挙げる。

婆ちゃんの血圧が二五〇と異常に高く、医者に診てもらっていろいろな治療を受けても、いっこうに血圧値は下がらない。本人は七〇歳、一日中頭痛を訴えているといって、息子夫婦と孫息子がこの婆ちゃんを遠路はるばる当院まで連れて来たのである。

寺に着くなり、その婆ちゃんは、

「体がきつい」

といって横になってしまった。

まさか、血圧が二五〇もある婆ちゃんを拝むわけにもいかず、その孫息子を代入にして降霊祈祷を施すことにした。

孫の体が降霊と同時にうしろに大きく跳ねた。そしてその代人のお腹が異常に大きく波打っている。とても人間の業ではない。

「おたくの身内で、お腹にすごい衝撃を受けて亡くなっている人がいますね」

「私の祖父（婆ちゃんの父親）です」

息子が答える。

どのような亡くなり方をしたのかとたずねると、事業に失敗してダイナマイトで自爆したとの返事が返ってきた。

「お爺ちゃんの名前は？」

息子が横になっている母親に祖父の名を確かめる。

「義一郎」

と婆ちゃんがいう。その義一郎さんの名を呼ぶ。

「あんたは義一郎さんか？」

何度も呼びかけ、霊の正体を確かめる。やっと、もがき苦しむ代人の口が開いた。

「おおう……」

「苦しいか！」

大きな声で叫ぶ。

「か・え・り・た・い……」

この一言だけいって代人の体から霊がはなれた。孫息子は全身に汗を噴き出していた。

「あ～あ、きつかった」

と一言、あとは高笑いしてころげ回った。

初体験とはいえ、自分の体に直接霊がのり移り、その霊から自由自在にあやつられた自分のしぐさに驚いたのと、恥ずかしかったことの裏返しの表現だったのだろう。

義一郎さんが自殺した場所を確認し、そちらに向かうことにした。

小倉駅より新幹線に乗り、それからタクシーに乗り継いで一時間、目的地に着くまで四時間もの時間をついやした。

地縛霊になっている祖父の霊を迎えるために出向いたのであるが、なにせ、六〇年もの年月がたっている。婆ちゃんにとっては父親に当たるが、はっきりしたことは知らされていないという。ただ、自殺した場所がお寺の裏山と聞いた、というのを唯一の手がかりに来たのである。

現地に着いて、まず寺の本堂に礼拝し、現場に導いてくださいと仏様にたのむ。そして先祖の墓に参拝する。

墓を見れば先祖のことがよくわかる。かなり古い時代に建てられた墓であるが、豪華な造りである。相当な富を築いていないとこれだけの建墓はできないだろう。

墓石の横面に、代々の亡くなった人たちの戒名が刻まれている。その中の一つを示し、この人かとたずねる。

「先生、どうしてわかったのですか?」

わざわざ同行した婆ちゃんが不思議そうに聞く。

「戒名の一字が欠けているからだよ」

「……!」

そうこうしていると小雨が降り出してきた。それに日没まで時間があまりない。急ぐ必要がある。

孫息子と私の二人だけが傘を片手に細い山道をいそぎ足で登る。

「先生、どう行けばいいんですか」

先に行く孫が不安そうに問う。

「わしにもわからん。ただあんたの曽祖父が迎えに来いといったのだから、場所は曽祖父が教えてくれるだろうよ」

「しかし、わからんやったらどうします」

「黙って登れ」

正直いって、私にもいらだちと不安が入りまじっている。

どれだけ登っただろうか、時間にして二〇分ぐらいだったと思う。いきなり右の頬を剣山のようなもので強く殴られたようなショックを受けた。

「うー、痛い」

思わず声を出して、私はその場にかがみこんでしまった。

「先生、どうなさいましたか⁉」

孫が心配そうに覗きこむ。出血していないかどうか頬に手を当てて確かめる。とっさにこれは霊示であると判断し、孫に右に曲がれと指示する。

右に曲がれといわれても道がない。とまどう孫息子。それもそのはず、右はすこし下りになっているようだが、背丈ほどある雑草が覆い繁っている。左は登り斜面で杉林だ。躊躇するはずである。

もう傘は用をなさないとその場に置き、私が先に雑草の中へ分け入る。たちまち衣服は雨と雑草の露とでびしょ濡れになってしまった。が、そんなことにかまってはいられない。雑草をかき分けながら突き進んだ。

五〇メートルも進んだろうか。急に開けた場所に出た。そこは畳一〇枚分ぐらいの畑である。その先は高い段になっており、杉の木が植わっている。

行き止まりである。右下にはお寺の屋根がかすかに見える。

「おい、ここだぞ」

「本当ですか」

おびえる孫息子。

「まちがいない。もし私が自殺するにしても、寺の屋根が見おろせるこの場所を選ぶ」

雨のため、準備してきたロウソク、線香は役に立たない。卒塔婆（供養追善のため墓にたてる細長い板）のみ立てる。そして読経、次いで招魂。

招魂作法が終わったあとに気がついた。この場所は頭から畑と思いこんでいたが、いっこうに耕した痕跡がない。粘土質の土を踏み固めたように、この場所だけがのっぺらぼうなのだ。それに雨が降っているので足がすべる。

いくら固い粘土質の地表でも、雑草はおかまいなく繁ってくるはずである。事実、この土地のまわりは雑草に覆われている。

草の一本ぐらい生えていてもおかしくはないのに、この土地だけは文字どおりまったくの不毛。線を引いたように、まわりの雑草との区切りがはっきりしていた。

近在の人の出入りするような通路もない。もし私のように雑草をかき分けて来た君がいたなら、その痕跡は残るだろう。

日も暮れかかっているうえに、雨が激しくなってきた。その現場から家族の待っている寺まで一気にかけ降りる。地縛霊のたたりがおよぶのを恐れたからだ。草木を寄せ付けないこの土地が、六〇年前の自殺者の地縛霊のなす業とするなら、人の一人や二人倒すのは簡単であろう。

「先悪ければ、後良し」で、その日は温泉の接待を受ける。不思議にも翌朝、婆ちゃんの血圧は一七〇近くまで下っていた。うそのような本当の話である。


もう一件紹介しよう。

結婚して一六年になるが、そのあいだ風邪一つわずらったことがない奥さんが膠原病にかかった。二年以上入退院を繰り返していたが、今では常時、腸から血がにじみ出している。そのままにしておくとお腹にその血がたまるので、お腹を開け、腸を外に出しているという。

この話を聞いただけでもゾッとしてくる。

ご主人にたずねた。

「新しく家を建てたか、引越しをしませんでしたか？」

「建てたわけではないのですが、新築の建売住宅を買いました」

「いつごろですか?」

「引越して間もなく妻が病気になりましたから、三年前のことです」

ご主人の話によると、奥さんはとても元気な人であったという。ところが、引越しの疲れが出たのか四〇度近い熱を出したので、町医者に診てもらったら風邪と診断される。二、三日も安静にして寝ておれば治る、と医者がいってくれた。本人もご主人もそう思って安心していたという。

ところが一週間を過ぎても三十七、八度もある熱がいっこうに下がらない。風邪にしてはおかしいと大学病院で再検査を受ける。そこで初めて膠原病と診断されたという。

明らかに土地にまつわる因縁のあらわれである。

「家の付近にお寺か墓地はありませんか?」

とたずねてみる。

「山裾を切り開いた場所で、近くに一軒お寺はあります」

「そのお寺の境内に墓地はありませんか?」

「はっきりしたことは知りません」

「お宅の家をふくめて何軒建っていますか?」

「全部で一二戸です」

「その周辺の地形はどうなっていますか?」

紙切れに周辺の略図を描いてくれた。ゆるやかな登り勾配の坂道が一本走っていて、その道路をはさんで左側がお寺、右側に一二戸の家が建っている。

「無花果の木がたくさん植えてあります」

「とにかくいちど、お宅の家を拝見させてください」

練馬で中古車販売会社を経営している私の弟が紹介した人であった。さっそく、弟の車に乗せてもらい、その方の家に赴いた。

家に入るなり、奥さんの寝室をたずねる。玄関を入ったすぐ左側が奥さんの寝室であった。

すぐさま私は、

「荷物を全部外に運び出してください」

とご主人に伝えた。

「兄さん、なぜそんなことを?」

弟がいぶかしげに聞く。

「畳を剥いで床下を見たいからだよ」

「……?」

ご主人が電話で兄夫婦を呼んでくれた。総出で部屋の荷物を運び出す。そして畳を取り除き、次に床板を剥がす。その床下をみて、全員が呆然とする。これ以外の表現はできない。そこにはなんと墓石が二基、むき出しでころがっているのだった。

「さわらぬ神に祟りなし」

すぐに元どおりにしようと号令をかける。床板を置いて畳をはめ込む。荷物はこの部屋に入れないで、一時、別の部屋に置くよう指示する。

「先生、どうしたらよろしいでしょうか?」

青い顔したご主人がたずねる。

「この家を出たほうがいいでしょう」

「そうしたら妻の病気は治るのでしょうか?」

それには直接答えず、

「奥さんの生年月日を教えてください」

という。ついでにご主人の生年月日も聞く。

「うーん……。むずかしい」

みんなの顔が緊張してこわばっているのがわかる。

「あと二ヵ月」

ポツリと語る。

「二ヵ月したらよくなるのか?」

と弟が聞く。

「駄目だ。残念ながら助からない」

ご主人と兄夫婦は黙って一言もない。

さらに弟が問いかけてくる。

「もし奥さんが亡くなったとして、そのあとこの家はどうしたらいい？」

「手放したほうがいい。また、手放すにしても、まったく知らない人にしないと、あとに問題が残るぞ」

無責任のようではあるが、私にはそれ以外にいえなかった。

「お祓いをしてもらっても駄目ですか」

「残念だが、お祓いではこの地はしずまらないでしょう」

逃げだす方法をとるよう説得する。

「ご近所の家の人たちには異常はありませんか？」

「それが事故や病人が多く出ているようです」

「やはり出たほうがいい」とかさねて説得すると、「そうします」とご主人が淋しそうに返事する。

ご主人の兄さんが初めて口を開いた。

「弟の嫁の寿命はあと二ヵ月くらいとおっしゃいましたが、本当ですか」

「易学で判断してのことですから、はっきりとはいえませんが、易は思ったよりよく当たるのです」

易の確率が高いことを説明したあと、

「カレンダーがあれば拝見したいのですが」

というと、すぐにご主人が持ってきてくれた。幸いに、気学の九星が記載されているものだった。それで奥さんとご主人の星の運期を読む。

「二ヵ月後の二二日か二四日、この二日間は気をつけてください」

私には、そういうほか方法はなかった。

予言どおり、二ヵ月後の二二日に奥さんは息を引き取った。その後、ご主人はすぐに家を手放されたようである。おそらくあの一帯は墓地であっただろう。

それにしても、整地する段階で墓地の跡地とわかっていただろうに……。しかも石塔を床下に放置したままで人様に売るとは、人間としての常識をはるかに越えてしまっている。

十三、横変死の因縁

肉体障害の因縁が、さらに強くなり、悪化したもので、必ず、横死、変死、自殺、他殺、事故死のいずれかを免れることができない。

三代四代前の血縁者の中に同じ、因縁でなくなっている人がいる。これらの因縁を背負っている人の墓地や、石塔に不思議な現象が見られることが多い。

女四人男三人の兄弟が、なぜか男性だけが十九歳で三人とも亡くなっている。霊能者は、この土地は墓地だから逃げたがいいといったから、家族は養子の御主人と十八歳になる息子の、十九歳の無事を祈って新しく、家を建て引越した。まもなく迎える、定年後、椎茸を栽培するために、一山を買いその一部を開拓して家を建てた。

さて引越したとたん、息子は家の中に入ってこなくなり、倉庫で寝起きする。明るいうちは、一歩も倉庫から出ない、あれだけ家が建つことに喜んでいた息子が‼

母親を降霊した。降りてきたのは、武士で年は十九歳の時に、お上の命で、キリシタンの人たちを、乳のみ児含めて百人近く惨殺した。その惨さに、責任を感じて腹を切った。拙者はいいから、その者たちの供養をしてやってほしいとの願いに、私は、キリシタンの供養はできないと言うと、申し訳ないが、その筋の人に頼んでほしい、その後に、私のことをあなたに頼むと伝えて消えた。

「そう言えば、山を切り開いた時、大量の人骨が出土した」と御主人が平然と言った。

さらに、今でも、そこらを堀れば骨が出てくるとも言った。もし、私の祈祷がなかったら、惨殺されたキリシタンの人の怨霊によってこの家族は、無事でいられなかったろう。

普通、常識で考えても、人骨が出土する場所に家は建てまい。これが、霊の為す術なのだ。

十四、脳障害の因縁

この因縁は、精神病の場合と、頭部の二種に分かれる。すなわち精神障害と、頭部の怪我または、脳溢血、脳軟化症などの病気である。

程度の軽い因縁の人は、年中、頭痛、頭重、肩凝り、不眠症などに悩まされる。肉体障害を併せ持つ人は、脳溢血から、半身不随となったり、頭の怪我で手足がきかなくなったりする。この因縁は、先祖の墓が埋め込まれ、その上を人が歩いたり、道ができたり、家が建っている。また、家の土地の地下に石塔が埋っている場合もある。

ある人は、商売が繁栄し、今の店舗が手狭となって、新しくバイパスが走った脇の開拓された土地に新店舗を建て移ったところ、半年で、三十代の夫婦が、続いて倒れた。社長は、脳梗塞で半身不随の重度障害、奥さんは、眉間の奥に腫瘍ができたが手術ができないと言われた。

土地因縁と直感し、出向いたところ、店舗の事務所の床が、激しく突き上げた。その場にいる者、全員が、おもわず声を発した。「何これ‼」

「この土地は、墓所です。しかも大量の仏が、埋もれている」

その確証を取るために、近くの民家を尋ね、土地のことを聞き出した。

「あの土地は、お寺が建っていました。その寺が火事になり、住職が仏様を取りにいって焼死したのです」やはり墓地跡である。

十メートルほど離れた場所に、雑草がぼうぼうに繁えていた。その雑草の中に、古い石塔がゴロゴロ転がっていた。この土地は浄めようがないので、逃げるしかないと指導した。土地を買って、住居兼店舗を建て多額の借金を抱えていても、命が大事である。でも二人とも、それから今も生きている。

縁あって、その店舗の前を通ったことがある。建物は建ったまま、主のいない店舗のシャッターは真赤に変色していた。

十五、二重人格の因縁

前の脳障害の因縁の系列に入る因縁に、この二重人格の因縁がある。

酒を飲むと、ガラリと人間が変わってしまって全く別人のようになってしまう。酒乱は、この因縁である。表層意識がアルコールで麻痺すると、遺伝している潜在意識や、深層意識が浮かび出て、別の性格に入れ替わって出てくるのである。異常性格も、この因縁である。この因縁は、家運衰退の因縁にも、深い関係があり、近親の先祖で、非常に不幸な、恵まれない死に方をした人か、あるいは、他人で、その家に非常な恨みを抱いて死んだ者がいる。皆さんの身近にも、この二重人格者がいる。

十六、ガンの因縁

ガンの因縁は、遺伝子の因縁、血縁の因縁ともいわれるが、墓に根本的因縁がある。古い土葬墓の上を、セメントで固め、その上に墓を建てて、その際に古い石塔を埋めこんでいたら最悪である。

東北のある地で、そのことをして、一年の間、血縁者が七人亡くなっている。九州のある地では、祖父が、雨が降る度に墓地がぬかるむと、墓地全体をセメントで固め、墓を建てた。

そして最悪のことをしている。土葬墓の古い石塔を、埋め込んでしまっている。祖父のことは、聞き出せなかったが、その方の両親とも五十前でガンを患って死んでいる。八人いた兄弟も七人が、ガンを患って早死している。兄弟の中で私が一番長生していると、六十歳の男性が言った。その男性も、すでにガンを患っていて、間もなく死んだ。

残された嫁に、息子を連れて実家に帰り、実家の姓に戻すよう指示した。嫁には血縁がないのでいいが、息子にはガンの因縁がある。この息子を守るためにとった手段である。あれから十年近くなるが、息子は、結婚して二児の父親として頑張っている。


ガンの例をもう一つ挙げる。二八歳の男性が胃ガンと診断される。しかし体力が消耗しきっているので手術はできないといわれた。「なんとか手術ができますようにたのみます」と電話で祈願を申し込んでこられた。

なぜもっと早く病院に行かなかったかとたずねると、なにせ本人が病院嫌いで、検査をこばみ続けたためだという。病人をむりしても寺まで連れて来るよう指示する。

母親と嫁に連れられて病人が来た。とても二八歳の若い人には見えなかった。青い顔、頬はこけ落ち痩せ細っている。哀れにさえ思えるほどだった。

このときは病人を直接拝んだ。その病人の体を使い、七歳のときに水死した実兄の霊が降りた。三〇年ぶりの母子の涙の対面である。

「死にたくなかった」

と繰り返し言う我が子に、母親が抱きかかえるようにして狂い泣く。憑依してきた実兄の霊も、弟の体を使って号泣する。このありさまを見て、嫁も声を出して泣きじゃくった。

実兄の霊がはなれ、こんどは父親の霊が降りた。父親の霊は、わが子の病気を心配してきただけであった。それに続き、母親の水子霊が加わる。すなわち、病人とは兄弟に当たるわけである。

供養は明日と決めた。その理由は、病人にたいして祈祷護摩を焚いてやりたいのと、最初に降りた実兄の霊がいろいろな菓子類を要求したからである。それらの準備には時間が必要だ。

翌日、降霊したすべての霊の鎮魂供養をすませて、手術できるよう祈願をかけ、護摩供養を修す。その効験（ききめ）あってか、病人の体は二週間後に手術ができるまでに回復した。その回復ぶりには担当医もびっくりしたという。しかし祈祷を受けたことは、最後まで医師には内密にした。

手術の時刻に合わせ、手術成功の護摩祈祷を行う。手術には最低二時間はかかると知らされていた。母親と嫁は待合室で待機する。心配でたまらなかったが、私が護摩祈祷をしてくれているので絶対に大丈夫だと信じていたという。

窓越しに手術室の赤いランプが点灯する。家族にとってこの待ち時間は、三時間にも四時間にも感じられたことだろう。誰もが無言である。しかし心中はみな同じで、いちずに手術の無事だけを祈っていた。

手術中の赤いランプが消えた。「最低二時間」と告げられていたのに、ランプが点灯して消えるまでわずか四〇分しかたっていない。

時計の測りまちがえではない。分単位で時計とにらめっこしていたからである。全員の顔に失望の色がにじみ出る。

その不安に輪をかけるように、手術室の扉が開き、執刀医が手術中そのままの格好で出てきた。両手に血の付着したゴム手袋をつけたままである。母親と嫁は待合室を出て、手術室に向かう。

執刀医がマスクを掛けたまま「ない」とぼそっといった。その「ない」を「駄目」と聞き取ってしまった嫁は、その場に崩れ落ち、床に伏して狂ったように泣き叫んだという。しかし、その執刀医が「ない」といったのは、文字どおりガンは発見されなかった、という意味だったのである。

検査の段階で誤診したものか、本当にガンが消えてしまったのか、私にも判断はできない。ただこの話に似た祈祷の話がほかにも何件かある。あらためて憑依霊の恐ろしさを知らされた事例であった。

十七、循環器系統障害の因縁

言うまでもない、ガンの因縁と同じである。

墓に問題がある。墓の移転や建て替えの際に何かの手違いがある。墓を建て満足していても、仏の言い分もある。

心臓、腎臓、肝臓などに、故障を起こす。

この場合は、近年に、墓の建て替え、もしくは移転をしていないか調べたらいい。

十八、色情の因縁

男女が、異性もしくは同性の場合もあるが、苦しんだり、傷ついたりする因縁である。

これは、家運衰退の因縁、絶家の因縁のもとになる因縁である。また、夫、妻が、その配偶者の色情のトラブルで苦しめられる場合、色情の因縁があるということになる。

先祖の中に、結婚を反対されて、自殺した者がいる。あくまで結婚を反対された者である。

十九、偏業の因縁

職業上に現れる因縁である。

因縁によって、その職業につくと必ず失敗するし、芽も出ない。適性ということに関係して来るわけだが、人の職業を大きく分けると、技術系、営業系、組織系の三種に分けられるが、人は皆、それぞれの系列に向く因縁と、向かぬ因縁を持っている。向かぬ職業についた場合、絶対に芽が出ない。この因縁は、本人の過去世が絡んでいるので、何の職業がいいとか悪いとかは、過去世を調べる必要があり、そのことは、

まず不可能として、とにかく過去世供養に徹したら、道が開けるかも‼
ちなみに私の過去世は、女性で巡礼者である。

二十、水の因縁

財運があり、お金は人より多く入って来ても、皆、水のように流れ出てしまって、身につかない。無理に貯めようとすると、自分が病気になったり、家族が病気になったりする。あるいは、盗難に遭ったり、詐欺に遭ってお金を失う。これは水の財運で、水というものは、流動している限り腐敗せず、きれいである。

たまり水は、必ず濁り、腐敗する。この因縁を持つ者は、常に金が流れ動いて身につかぬのである。身につけると、不詳のことが起きる。そして流れ出てしまう。財運のみでなく、他の事柄も流れやすい因縁を持つ。

この水の因縁から解脱する方法は、稼いだお金の一部を、苦しんでいる人や、何らかの私設に寄附したらいい。一度に大金ではなく、少しずつ、そして続けることによって、水の因縁を打破することが出来る。私の知人に、そのことを実践している人がいる。もう十年以上続けていると聞いた。大成功しているも、気取ることもなくおつき合いさせてもらっている。

二十一、頭領運の因縁

人の上に立つ因縁である。この因縁を持つ人は、必ず大なり小なり人の上に立って頭領となる。この頭領運に二種あって、純然たる頭領運と、組織内の頭領運とに分けられる。

純然たる頭領運は、自立の頭領運とも言って自力で事業を創始する。組織に入っても、ひとりでに頭領となってしまう。組織内の頭領運は専務、部長の地位で終わり、その上に行こうものなら、諸問題が発生してしまう。

これらは過去世が絡んでいるので、過去世因縁を調べる必要があるが、やはり過去世供養して、祈るしか手はない。

二十二、子縁薄い因縁

この因縁があると、子供が生まれないか、生まれても、幼くして死んでしまう。また自分の実子との縁も薄く、養子をもらっても、因縁ある限り、うまくいかない。その養子の運気（生命力）が強ければ衝突してしまうし、生命力が弱ければ、若死は免れない。先祖因縁であり、墓が関係している。

二十三、産厄の因縁

出産に際して、難産で苦しむ因縁である。
衰運の時期で生命力が弱っている時に当たると、死ぬ恐れがある。この因縁も、前項の子縁薄い因縁と同じである。

二十四、怨集の因縁

人から怨みを受け、多くの敵をつくってしまう。この因縁を持つ者は、平気で嘘をつき人を騙す性格を持っている。見かけは温厚で、話し方もソフトである。とても、人の怨みを受けるようには見えない。それなのに、なぜか人の恨みや怨念を受けてしまう。

その元は、嘘が、ばれるからである。本人は、自分の言っていることとは気がついてないところがやっかいである。平気で人を騙し嘘をつく、これら無意識の中でしてしまう。この因縁を持つ者の見分け方は、話の中に、常に出来もしないような、話や計画を言っている。
この者の因縁は、先祖の墓がとても貧弱なのが因縁の素となっている。

水子の因縁

世相を感見するに、優生保護法の制定あるも逆行し、母体発育の胎児を由縁なく月命を止つ、慈愛の父母、惨殺の因縁、宿業の霊魂は家族を悲嘆に導き、霊障は後生に及ぶ。

現世の因縁の中で、一番恐い、親のつくった因縁で、我が子の生命力を害してしまう。「親の因縁、子に報う」のである。そのために子は非行に走ったり、盗みをしたり、警察問題を起こす。そして親を悩ませ苦しみの種となる。

病弱、登校拒否、ひき籠り、暴力、原因不明の自殺、などして親を困らせる。家に寄りつかなくなったり、異常なほど親にしかかってくる。また無理難題を持ちこんでくる。

親は、なぜ、このような子を持ってしまったのかと嘆く。これら水子霊の因縁である。

本来、生まれ来る子が、何らかの理由によって、現世への出世を絶たれてしまう。その怨みを、兄弟の体を使って、親に刃向かったり、無理難題を親に与える。先祖の代から水子霊がある家は、世間を震撼させるような大事件を起こして、家名を破滅させる。

人工的に随胎した場合、いかなる理由があろうと、殺人行為としてとられても仕方がない。

その罪は重く、その家の平和は望めない。先祖供養はしっかりしているのに、問題が発生する家は、水子霊がさわいでいる。

なかには、懺悔の気持から、寺で水子の供養をしてもらっている人も少なくない。決して悪いことではないが、よく考えてほしい。供養が終わると、親は心は確かに安らぐと思う。しかし、寺を出ると、水子霊も親について帰る。幼児が一人、寺に残ることなど考えられない。まして、親が、お経も読んだこともないのに、数ヶ月の胎児が、僧侶のお経で、鎮まることは絶対に有り得ない。

私の言っていることが、間違っているだろうか。供養してもらうことは、自己満足にすぎない。水子霊は、その姿を見ていないので、愛着は薄い、そんなことから、何か小さな幻の霊のように思ってしまう。

あと数ヶ月経てば、この世に出生できるのに、親の身勝手な理由で、惨殺されてしまうのだ。

怨霊と言えば、とても恐い霊のことである。本当の怨霊は水子霊なのである。もしその子が、この世に無事出生して、数ヶ月で亡くなったら親は狂ったように泣き叫ぶだろうに。

現界で生きた者には、機会があれば、再び現世に魂は転生できる。水子霊についた魂は、中絶されたその瞬間に、胎児から離脱するが、輪廻の軌道に乗ることができないので、輪廻の世界から離れて中有の世界に入る。この中有の世界に入ると、もう二度と転生の機会を失ってしまうのだ。

水子霊がなぜ怨霊化するのか、ここで初めてそのメカニズムを明かす。

輪　廻　図

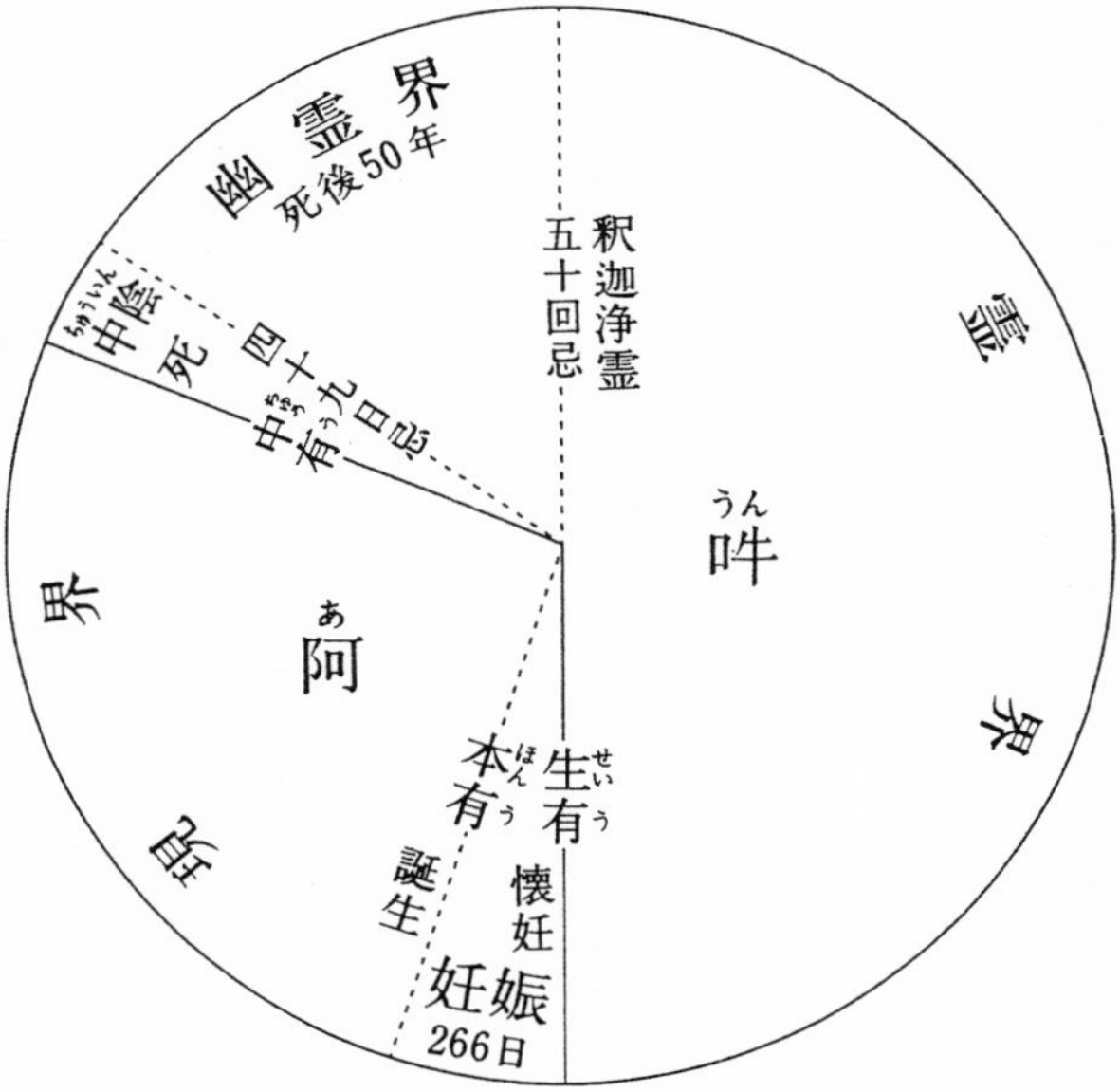
幽霊界
死後50年
中陰《ちゅういん》
死
四十九日忌
中有《ちゅうう》
釈迦浄霊
五十回忌
霊界
吽《うん》
阿《あ》
現界
本有《ほんう》
生有《せいう》
誕生
懐妊
妊娠
266日

胎児の生命と肉体は両親より授かり、魂は過去世が宿る妊娠四週目から五週目とされている。長い年月を輪廻で過ごして、運よく転生のチャンスを得る。そのチャンスを絶たれてしまう。その水子の霊障は過去世の逆襲である。命がけでしかけてくる。だから、子供の命でも平気で奪う。

現界の殺人者には、重い刑が下る。しかし、中絶の罪は、法律では罰せられない。それでも、過去世が、罰する。別の子供を駄目にしたり、家を破滅に追い込む。

懺悔から、水子之霊位の位牌を安置したり、小さな地蔵像を安置している家があるが、それ自体が間違っているのだ。私の寺では、石仏の水子地蔵尊像を使って、施主の体を通して、水子霊を導き、供養する。地蔵尊を使用する由縁は、地獄に陥ちた霊を救うには、数多い仏像の中でも地蔵が、救済に一番力を発揮するからだ。

施主の体から、水子霊を呼び出し地蔵像に入魂する。そして、二度と施主の体に戻れないように秘法にて行う。そして、供養によって、霊界の入口まで透導して、転生が早くなるように祈る。この秘儀によって多くの家庭の霊障を鎮める結果を出している。現在二千体の地蔵を永代供養しているのが答えである。

これまでの例をいくつか挙げておく。女性の住職が、夜になると高熱が出て困っている。御祈祷してほしいと、その寺の小僧が迎えに来た。

寺に着けば、表に、水子供養を勧める大きな看板、水子供養専門にしているらしい。

その住職に私は、口火を切った。

「あなたは、他人様には水子供養を勧めているようだが、なぜ、自分の水子を供養をしないのか」

「…………」

「あなたには二霊ある」

「…………」無言。

「ないと言うなら私は帰る」

小僧にタクシーを呼んでほしいと言うと、いや私が送りますと言った。

「住職が口を開かないので、私の見立てが間違っているのだろう。お礼もいらないし、送ってもらうこともない」

私は帰りかけた。その時、やっと口を開いた。

「ごめんなさい、先生の眼力に恐れ入って言葉が出なかったのです」

「そう、そうとも知らずに無礼なことをした。私こそ謝らなくてはならない。とにかく、あなたの毎夜出る高熱は水子の障りです。供養すれば、熱は出なくなる」

小僧に、すまないが送ってくれるかと声をかけた。

「ちょっと待ってください。どうやって供養をしたらいいんでしょう」

住職の言葉に驚いた。水子供養を専門にしているという寺が、こんなありさまなのだ。お経で安心しないでいただきたい。


六十代の女性が、体の不調を訴えにやってきて、拝んでほしいという。聞けば二歳の孫が溺死している。どうも、その孫が障っているかもと女性は言った。とにかく降霊してみることにして、その女性を拝んだ。

すぐに、孫らしき子供の霊が降りた。

「マコトちゃんか」

「ぼくが連れていった」

「誰を連れていったの」

「兄ちゃん、ぼくが連れていった」

どうやら兄ちゃんと言っているのは、マコトちゃんのことらしい。そこで、祈祷を止めた。

娘さんに水子はいますかと尋ねると、娘夫妻は商売をしていて、年子の子が二人、さらに年子で三人目が生まれることに喜んでいたが、三人の幼子を抱え、商売に差しつかえると、堕ろしている。

「何ヶ月目でした」

「六ヶ月に入っていました」

「六ヶ月目となれば、火葬する義務がありますが、火葬しましたか」

わかりません、娘に聞いてみますと、電話する。娘も、主人からどうしたか、聞いていません の返事、すでに離婚している元の夫に電話する。たしかに火葬しなさいと胎児を渡されたが、どうしていいかわからず、実家の池の淵に埋めたらしい。

「水子の障りです。娘を連れて来て供養したら、体はよくなる」

溺死の時の話を聞いた。二歳のマコトと一歳上の女の子が、池に入り鯉を追いかけ回してキャキャと声を上げていた。池といっても深さは四十センチくらいしかない。といっても幼子であるので、その女性と娘は縁側から見守っていた。

しかし、二人とも異常な睡魔に襲われ、不覚にも眠ってしまっている。気が付けば、マコトは池に浮いていた。しかし、その横で姉の方は鯉を追い回している。三歳である。弟が浮いているのである。普通なら助けの声があってもおかしくない。それと二人が同時に猛烈な睡魔に襲われている。

孫の死。以来、娘は離婚、長男夫婦も離婚、繁盛していた家電店も下降を辿り倒産。そして離婚、今は一人で細々とその日暮らしをしているという。水子の怨霊化によって、家族全員が破壊されたのである。

第三章　守護と供養

先祖霊と背護霊

人は、誰もが、先祖の護りの恩恵を受けている。先祖霊と背護霊は、同じ先祖であるも、分けて考えた方がいい。自分の体を一番、守ってくれているのは、背護霊である。それは、生命と肉体を授けてくれた両親であり、その父母を産み出した両親の祖父母が背護霊であり、先祖の中でも、一番、力強く自分を護ってくれる。

親は子がかわいい、祖父母も同じように子がかわいい。それに孫もかわいい。子や孫の身に何か起きると、我が身に代えてでも護ろうとする。その方たちが、生きておられたら強力な背護霊である。亡くなっていれば、護ることに変わりはないが、護りの力は半減する。

三代前の先祖も、子や孫をかわいがり、護ってきている。しかし、それらの子も孫も、順に世を去っている。そのために背護霊としての役目が終わり、家名を護る方に念が変わる。

先祖霊を供養することは、家系を木に例えると、幹や枝葉に栄養と水を供給する役目をする（前掲、五二頁、木のイラスト参照）。

先祖の恩恵なくして、枝葉は繁らない。

先祖供養は、根（先祖）を大事にすることにある。

したがって、私たちは、先祖霊と背護霊をしっかり供養しなくてはならない。現在、生かされている、生命の源に、感謝合掌である。

墓に参ることもなく、仏壇があっても、手も合わせない。そんな人には、先祖霊も背護霊も、護るという念が薄れてしまう。先には完全に見放されてしまい、自分の力のみで生きていかねばならない。

自分の力を過信しないでほしい。自分の力など、微力である。ちょっとした事故に遭い、不幸な人生を送らなければならなくなったり、簡単に死んでしまう。護りのある者は、大事故に遭っても、奇跡的に一命を取り止める。日頃、先祖や背護霊に手も合わせない者が、何かが起きると、あわてて、あの寺、この寺を尋ね歩き助けを乞う。

そのことで、さらに難を大きくしてしまう場合がある。偽りの宗教者、霊能者の毒牙にかかり大金を失う。

背護霊以上に、自分を護ってくれる仏は他にいない。父母、祖父母が生きておられたら、やさしい言葉、いたわりの言葉をかけてやってほしい。いずれ自分たちも、年寄りになる。

世間には一人住まいの高齢者が多い。この人たちに子孫はいないのかと思う。私設に預けられて面会にも来ない。死んでも葬儀に出席しないし、遺骨の引きとりもないと聞いた。嘆かわしい。昔の話の「楢山節考《ならやまぶしこう》」より悲惨である。因果応報の法則により、自分もその憂き目に遭う確率は高い。

背護霊が亡くなっているなら、その魂は、まちがいなく、仏壇の中の位牌に宿っている。

朝夕に声をかけてやってほしい。魂たちは、お経をほしがってはいない。あなたの声が聞きたいのだ。朝は「おはようございます、一日頑張ります」。夕には、おかげで無事に一日終えることができたことの、感謝を声に出して言ってほしい。

よく、心の中でと言い訳する人がいるが、無言で相手に伝わることはない。この声に出すこと、そのものが供養である。お経を上げることが供養であると勘違いしている人が多いが、お経は、生きている私たちに、正しく生きること、安定した日常生活を送ることが説かれていて、そこには死者が成仏するという文言は出てこない。あくまで私の知る範囲内の経文ではあるが。

仏壇の前で、あなたたちが元気で暮らしていることを報告する。あなたたちが元気であると知ると、先祖は喜ぶ。嬉しい、より一層護ってやらねば、となる。

仏壇の前に座ることが習慣づいてきたら、そこからお経を読んだらいい。別に難しいお経にこだわる必要はなく、一番知られている般若心経《はんにゃしんぎょう》で充分である。お経を上げる回数にこだわることもない。気分よければ、多く読んだらいい。気分悪ければ読まない方がいい。そんな状態で上げられては先祖も聞きたくもない。お経を読んで先祖が喜ぶということは、お経を喜んでいるのではない、子孫と少しでも長くいられることにあるのだということをわかっていただきたい。

たとえ下手な読経でも、ぎこちない経声でも、あなたの読むお経の価値は、他の大僧正や大阿闍梨が読むお経よりも、尊いのである。そのことが、木の根に栄養と水の補給源となり大木と育って行き、家運隆盛になるのである。その意味で、神棚や仏壇に毎朝、水を供ずるのである。

本家に仏壇があるので、我が家はいらない、そんな考え方をしている人もいる。先祖は誰にも居る。家を構えたら、真先に仏壇を安置し、先祖の位牌を祀って、朝夕礼拝した方がいい。後の話にも出てくるが、極楽浄土なんて、どこにもない。家の中の仏壇の中の先祖の位牌こそ、あなたの先祖霊の浄土である。浄土とは、静かで、平和な、世界という意味がある。浄土がなければ、その家の平和はないことになる。

仏に手を合わせ拝んで、仏からも手を合わせ拝まれる人になってほしい。信仰の本意は、このことにある。墓も、仏壇も、生前に持つのが正しい。そう遠からず、自分がお世話になるのだ。

観音経に「念彼観音力《ねんぴかんのんりき》」という言葉が幾度も出てくる。この念彼観音力という意味は、信仰する者、感謝する者、すなわち合掌する者となる。つまり、合掌する者には慈悲が降り、難に遭わないということと思ってほしい。

宗教的には、合掌で合わせる右手は金剛界、左手は胎蔵界を意味するとするが、私は、右手は父と思って、左手は母と思って合掌しなさいと教える。その合掌する先に、祖父母霊や先祖霊がいて、あなたに合掌してくれている。すなわち、仏を拝んで、仏に拝まれる姿が、合掌の本筋なのである。

過去世

過去世のことを、前世ともいう。私たちの魂が、何十年、何百年の間、輪廻の世界で過ごして、再生の機会を得て、妊娠してる胎児に宿り、出世して再び、人間として、現界を生きることになる。

胎児に転生した魂が宿る時期は、女性が、妊娠に気づく頃には、すでに宿っている。

一説には、妊娠、四週目か五週目といわれているが、詳しいことはわからない。その時が、輪廻転生の瞬間である。過去世は、人を選ぶことはできないし、人も過去世を選べない。それが、因縁の始まりである。

同じ両親から生まれても、性格や能力の違いは過去世にある。三～四歳の幼児には、過去世の記憶が残っていて、時には親が驚くようなことを口走る、とても幼児の言葉や言動とは思えないようなことをする。このような幼児の過去世は、比較的に早く転生している。

何百年と長い年月をかけて転生した過去世には、その記憶は薄れ、ほとんど消えている。このことから、もし幼児が、妙なことを言っても驚かず、合づちを打つくらいで、あしらっていた方がいい。その子が成長するにつれて、言わなくなる。

大人で変わったことを言う人がいる。なかなかやっかいである。霊が見えるとか、憑いているとか言って、人を恐がらせる。

神や仏が、見えるとか、あなたには不動明王や観音様が護っているとか、喜ばせる言葉を平気で言う。なかには、宇宙と交信できるという者まで出てくる。霊の世界は見える世界ではないので、何とでも言える。ただそのことを真に信じてしまう人がいるから、やっかいである。

私も、霊と向き合って四十八年になる。観音様が、または不動明王が、守っている人など、出会ったことはない。なぜなら、それらの仏は、実在しない。三身即一によって作り出された仏であり、人間の体に来ること自体、あり得ない。この点の詳しい話は後述する。

過去世も、今の私たちと何ら変わりなく生活してきて、この世を去っている。死の直前の念を抱いたまま、子孫から、充分な供養を受けず、魂は浄化しないまま、転生してきている可能性は高い。したがって、過去世も苦しい、助けてほしいのである。

そこで、私たちは、背護霊、先祖霊の供養に合わせて、過去世の供養が必要になるということになる。これらのことを正しく行っている者だけが、二十四の因縁が軽くなることは間違いない。

アメリカの元大統領、ジョン・F・ケネディが、死後すぐに転生してきている話は、衝激的である。三歳くらいの幼児が、ケネディ本人しか知らないはずの秘密をすらすらと言っている。例えば、金庫の番号とか、奥さんに関してのことを話している。ホワイトハウスの大統領の部屋も寸分間違わず説明している。このことで学者は、ケネディの転生と認めている。世界には転生の話がたくさんある。

過去世の歩んだ道を、現世にて、似た働きをする、このことを、過去世因縁、あるいは前世因縁という。ごく普通の家に生まれた子が、一人だけとびぬけた才能を持っていたり、偉人が出たりする。逆に極悪非道の者も出る。これみんな、過去世の因縁からきている。

過去世が、役人の職にあった者は、現世では警察官や刑事の職につく、代官職にあった者は、裁判官や、検事や判事また弁護士などの職についたりする。二十四の因縁の中にこのことが出ている。かごかきや、馬子、川渡し人夫をしていた過去世は、車のドライバーになったり、何か、物を動かす、運ぶといった職につく。盗っ人は、現世でも盗みを働き、刑務所を出たり入ったりを繰りかえす。

殺人を犯した者、殺された過去世を受けた者は、やはり殺し、殺される因縁を持っている。こんな人がと思う人が、とんでもない重罪を起こす、過去世因縁である。これらのことを宿命とか因縁という。

初対面なのに、とても、懐かしく思える人がいる。反面、腹立しく思える人もいる。これらもすべて過去世からきている。

私の過去世は、女性で十六歳で世を去っている巡礼者である。その因縁だと思う。無信仰の私が、いきなり三十歳の時に仏門に入る。これまで、何度も、死に直面している。不思議にも、一命をとりとめている。これも過去世が、深く信仰に携わっていたお陰で助けていただいたと感謝している。幼い頃、大雨によって増水した小川に転落し流されて、危機一発のところで、助けられている。しかも水を一滴も飲んでいなかったと親に聞かされた。自転車でカーブを曲がり切れず転倒して三輪トラックの下敷きになった。自転車はペチャンコになったが、私は無傷であった。

信号待ちしていた私の車に暴走車が激突した。車は宙を舞ったことは覚えている。車は道路の反対側の家の庭石に天井から突き刺さった。駆け付けた救急隊員や警察も皆が、乗っている人は即死と判断した。その群衆の中に無傷の私が立っていた。宙を舞っているのは覚えているが、どうしてその車から外に出られたのか、わからない。

無傷は考えられない出来事である。精密検査の結果、打撲も傷もない。こんな不思議なことが、実際に起こっている。

福岡発、東京行きの一番機に予約を入れた。その夜の夢で、乗っている飛行機が海に墜落した夢を見た。夢にしても気になる。その飛行機の予約を取り消して、新幹線で東京入りした。ところが、その予約して乗るべき飛行機が羽田沖に墜落した。前方席の二十数人が亡くなっている。機の前方席は禁煙席で、私はタバコを吸わないことから、その禁煙席に予約を入れていた。

それ以来、夢を大切にしている。これらの護りは、母の霊なのか、過去世なのか解からないが、どちらにせよ、私は何かに護られている。

千日回峰の中で、氷点下二十度以上に気温が下がって、滝が凍りつき、崖に電信柱のようなつららが下がった。そんな中、十時間近く、素手で、足は軍足一枚で、回峰している、今でもこのことは不思議でならない。修行の中で、三度死に直面しているも、無事に乗り越えられた。もしかしたら過去世の護りが強かったような気がする。

過去世が転生してきた実例を二件紹介する。

三歳になる息子を連れて夫婦がやってきて、主人の実家の墓参りをしたときの話をした。

この子が墓の前で奇妙なことを言ったという。その時は、あまり気にならなかったが、最近やたらとそのことが気になり出したので、相談に来たらしい。

「何と言ったんです」

この子が、墓に着くなり、いきなり、

「ぼくは、このお墓で眠っていたんだよママ」と言ったとのこと。

三歳児の言ったことで、何をおかしなことを言うんだろうと、その場は聞き流していたが、なぜか気になる。

「もしかしたらこの子、早死にして、墓に入るんじゃないでしょうか」

「いや、この子は、そのお墓で眠っている仏の生まれ変わりで、転生して来ている可能性がある」

「転生って、本当にあるんでしょうか」

「ある、あなたの魂も、転生してきている」

「……!!」

息子さんの名は秀一というので、息子に尋ねた。

「ヒデちゃんさ、爺ちゃんのお墓にいった時、ママに、このお墓で眠っていたと言ったよネ、それ本当の話？」

「そうだよ、ぼくは六歳の時に川に落ちて死んだんだ」

父親に聞いた。親からそんな話、聞いたことありますか。しかし、全く知らないと答えた。

「ヒデちゃんさあ……、名前は何と呼ばれていたか、覚えている？」

「ヒデちゃんと呼ばれていたよ」

けろっとして答えた。このことで、これは転生ではない、三歳児の戯言《たわごと》であると判断した。両親も、胸をなでおろした。

それから間もなくして、再び私を尋ねてきた。

「先生、大変なことがわかりました。戯言《たわごと》と知って安心して帰りましたが、なんとなく気が納まらないので、思い切って、主人の祖父に電話して尋ねてみたところ、祖父の弟が六歳の時に、増水した田んぼの溝に落ちて溺死したというのです。その子の名前が、秀征といい、当時皆でヒデちゃんと呼んでいたらしいのです」

これで、転生してきた確証が取れた。とにかく、秀一君の過去世供養をしましょう、ということになった。

事故死した過去世を持つと、同じ運命を辿る。しかし過去世供養をした結果、今やその子は成人し、家庭を持って頑張っている。

私の祈祷の中でも、過去世が転生してきたと思われる話は多い。とくに迷っている幼くしてこの世を世った子供の霊、さらに水子霊を供養した人の家庭に多く現れる。結婚して何年もなるのに、子宝に恵まれない、そんな相談に来る人が多い。

「検査はしましたか」

「はい、二人とも、異常はないらしいのです」

「どちらかの両親に水子霊はありませんか」

そして、供養をする。間もなく妊娠したの報告が入ってくる。しかも、生まれてきた子が、成長にともない、祖父または祖母にそっくりだという。足の指の形、歩き方、飲べる物、幼児が、梅干を毎食ほしがる、お茶を好んで飲む、味噌汁が大好物、ご飯のおかずは漬物があればと幼児が言う。

先ほどの秀一ちゃんは、死後七十年近くで転生してきている。それに過去世は血縁にも、転生してくることは明らかである。

次の話は四歳になる女の子の話である。この子は生まれた時から知っている。なぜなら母親が熱心な信者である。

その子があと二年くらいで小学校に行くことを配慮して、学校の近くに新築して、移り住んだ。その家の地鎮祭は私が執り行っている。

ある日、幼稚園から帰ってきた娘が「ママ、今日お友達がくるから、ジュースとお菓子を準備してほしい」と言うので、それらを二階の娘の部屋に置いて、引越荷物を整理していた。

間もなく二階で、娘の笑い声に話し声がする。いつの間にお友達がきたのか気が付かなかったが、別に気しなかった。しばらくして、娘の笑い声、話し声はしなくなった。

……友達が帰って行く、物音もしていない。不思議に思い、娘の部屋を覗いてみると、娘と友達という子もいなく、準備しておいた二人分のジュースとお菓子は、なくなっていた。やっぱり友達は来ていたんだと思ったが、娘がいない。出ていった気配もないのに、そんな時、玄関のドアが開き、娘が帰ってきた。

「どこに行っていたの」

「お友達を送ってきたの」

「明日は、私が、お友達のところに行くの」

その翌日、夕暮れになって、今から友達のところに行くと言い出した。夕暮れに四歳の娘を一人で行かせることはできない。まして、引越して間もない。

「ママも一緒に行く。お友達のお母さんにも、ご挨拶したいし」

このことを娘は、強く拒《こば》む。

「ママは来ないで、私一人で行く」

仕方なく、娘に見つからぬように、後を追う。家から二百メートルくらいの場所に地蔵像が建っている。その地蔵に向かって、娘なにやら話しかけている。そして、バイバイと手を振り、家に向かったという。

この娘の奇妙な行動は何でしょう、娘の頭がおかしくなったのでは、という母親の心配を解決するために出向いた。

まず、地蔵の前に立った。台石に二十年前の年月が刻まれ、交通安全と刻まれている。

この地蔵は、誰か、この場所で事故死した者がいて、その供養のために建てられたと思う。

念のため、近くの民家を尋ねると、同じ答えが返ってきた。二十歳位の青年が、バイク事故で亡くなって、その両親が建立したとわかった。その時には、母親には過去世の話はしなかった。

家に行って、娘が幼稚園から帰ってくるのを待った。帰ってきた娘に母親が尋ねた。

「お友達って、女の子でしょう」

「ちがう、お兄ちゃんなの」

この話を聞いて、確信した。転生のこと、娘の過去世供養をしておいた方がいいということを母親に話した。

その供養が終わって、母親が娘に言った。

「今日はお友達に逢いに行かないの」

「お兄ちゃんは遠くへ行ったのでもう会わない」

この場合、娘が四歳であるので、十五、六年で転生していることになる。

守護霊

守護霊とか守護神といった話をよくするが、その正体を知っている人は少ない。

実は、その正体こそ、過去世なのである。過去世と守護霊は別、という考えを持つ人が多く、そんな人こそ、観音様が、不動明王が、あなたを護っている、と言っているのであり、あくまでもあなたを守護しているのは過去世なのである。

霊と神と名の呼び名が異なるのは、過去世が二百年以内なら守護霊、それ以上古い過去世を守護神と呼んでいるということである。

したがって、守護霊もしくは守護神は、生まれた時から体に来ていることになる。

その過去世の因縁によって、人生を歩まなくてはならない。このことを宿命と言い、前世因縁ともいう。なかには、守護神として、龍神として姿を現わしてくる。または、稲荷神として現われる場合もある。これらの過去世は、三百年以上の過去世の変化身である。

人間に、神として降霊してくるのは、龍神と稲荷神だけであり、それ以外の神はいない。龍神として、過去世が降りた場合、その龍神の過去世は、部族長であったり、土着民（武士）であり、その過去世は、天皇家よりひどい仕打ちを受けていて、怨霊化している。この過去世を受け継いだ者は、何らかの理由で、刃物の因縁があり、また腰が常に重いと言う。龍神として降霊してきても、本物と偽物が見分ける眼力がないと、間違った判断を下してしまう。過去世も人間もそうだが、自分の力を強く見せるために演技するものである。

稲荷と言えば、キツネを想像してしまう人が多いが、とんだ思い違いだ。天皇家の血筋の過去世を受け継いだ者は、稲荷神として降りてくる。頭脳明晰の人が多く、優れた学者や、知恵者が多いのも稲荷神の特徴のひとつである。真言密教の開祖、空海は、すばらしい能力をもっていた。稲荷神に護られていたらしく、真言密教系の寺には、必ず、稲荷神が祀られている。

実はこれらの守護神にも、それなりの因縁を持っているので、喜んでばかりはいられない。しかし、それらの神を、お祀りして供養すれば、驚くような力を発揮してくる。とくに、稲荷神は、ピンキリで、時にはその神の偉効について行けず、病院のお世話になったり、おかしな言動をして、まわりの人を悩ませることがある。ゴミ屋敷などの住民は、この稲荷神の、悪い因縁を出していると言える。

宗教者や霊能者などで、見える、憑いているという者は、典型的に、この稲荷神の成す術と言ってよい。仏像の仏様が憑いているとか護っているとか、何代前の先祖に、自殺した者がいるとか、いかにもそれらが見えているかのように話す。しかし、はっきり言って、彼らには見えていない。そんな者が、大金を要求をしてくるのだ。この霊を仕事とする人に、偽物が多く被害に遭っている人が多い。大金を要求されたら偽物と思って、早く遠離《おんり》していただきたい。

優れた者は、本当に困る人を救済するために、日々活動しているものだ。テレビで見たが、洗脳され大金を巻き上げられた人のことが取り上げられていた。人の過去世が見える人など、本当は世界にはいないのだ。

私たちは、先祖供養に合わせ、背護霊供養は大切な供養であるが、それに加え、過去世の供養もとても大切なことになる。それらの霊等が浄化されたら、きっと幸せな人生、平和な家庭を築くことができるのだ。

過去世供養の仕方がわからない人が多いようですが、誰にでも簡単にできるので、ここでお伝えしたいと思います。

まずは仏壇にお経を唱えることから始めてください。毎日です。朝でも夜でもかまいません。朝夕できるなら、なおよろしいです。

そのことを繰り返していますと、仏壇の中の先祖霊も背護霊等も満足して、お経が、仏壇の中に充満します。

そうなったら、仏壇の中から、光、オーラが出てきます。その光やオーラが、あなたの体に覆ってきます。読むお経がこだまして、あなた自身の体に力徳が生じます。過去世は喜びます。過去世供養で一番いい手段です。

あなたの体、すなわち過去世に、誰かお経を読んでくれる人がいますか？　あなたの体を鏡に映してそれに向かって、お経を唱えることも、おかしいでしょう。

先祖霊、背護霊、過去世供養を一度にできるのは仏壇です。ぜひ仏壇の前に座る習慣をつけてください。正座すると足が痛いし、しびれる、そんなことから、仏壇から遠ざかっている人も少なくありません。楽な座り方でいいんです。あなたの身内に向かっているんです。イスに座ってでもかまいません。お経を読むか、読まないかの問題です。

私はプロですから、あくまで正座でやりますが、その時には決して座布団を敷いたりしません。常に仏様に敬意を払って向き合っています。

三身即一という教えがあります。

一、法身　山や、滝、池、湖、岩、大木など、そのものを仏として観じて人々は手を合わす。

二、報身　それらのものを、仏像に表わして姿を変えます。例えば山は不動明として現れ食べ物や、薬草などは、薬師如来として出現してきます。馬頭観音という仏像があります。観音様の頭に馬の頭が乗っているところから、畜生の神、畜生の供養物仏として用いていますが、本当の馬頭観音様の誓願は、煩悩を除くのです。馬は他の動物より早いスピードで牧草を食べることから、牧草を、煩悩に例えてのことです。

三、応身　報身して姿を変えて出現した仏像に願を掛けて人々は祈り、御利益を乞うのです。その三身即一から判断しても、仏像の仏様が人間の体を直接に護ることがないことをわかっていただけると思います。神世の神々も、三身即一で、この世で祀られています。したがって、神世の神は、人間を直接護ることはないのです。

もしそういう人がいたら、あくまで、思いこみであり、妄想としてとらえます。もし、仏像の仏様や、神世の神が、直接、体に護りにきているなら、煩悩はどうします。タバコは、酒は、賭け事は、しますか。また悪い病気にはならないし、事故、災難等すべてを避けて、人生が送れるかも知れません。仏像や、神世の神々は、あくまで、信仰の対象仏です。仏像にはそれぞれ、もつ誓願がちがいます。そのことをよく知った上で、拝む対象仏にしたらいいでしょう。

さて、不動経の中に、山に籠り、行し続ける行者には、行者の本尊、不動明王が姿を見せると説かれている。私は求菩提山で十三年の歳月をかけて修行してきたが、不動明王は姿を見せてくれなかった。

また一説には、不動は行者の心中に住したまうとも説かれているが、このことが、うまく理解できていなかったのだった。

ある時、不動明王が体に降りてくるという行者がやってきた。ぜひその不動明王に会わせてほしいと言ったら、快く引き受けてくれて、本人の体が、立ち所にして不動の姿に変わった。

「不動明王様ですか」

「そうじゃ」、その声まで変わり、どすの利いた声になった。

それでは、不動の大事な五大真言を、陀羅尼《だらに》にて唱えてください。たったこれだけで、化けの皮が剥れてしまった。これまで何度も言っているが、仏像の仏は、人間には来ないのだ。

また、ある寺の住職が、大勢の弟子等を引き連れてやってきたことがある。全員で、寺の玄関前で、五体投地の礼拝をして、入ってきたのだった。今まで、多くの僧侶が来ているが、初めてのことに、私は、感動を受けた。私も他の寺に行っても、ここまではしない。

寺内に通したら、弟子の一人が、住職には阿弥陀如来様が降臨すると言う。

その住職、その阿弥陀如来様が、求菩提山に行き山田龍真に会いたいと言われるのでやってきたと言った。まこと本当に阿弥陀様が言ったなら、私は宗教界で世界一幸せ者であるし、身に余る光栄ですと感謝した。よろしければ阿弥陀如来様に会わせてほしいと頼みましたら、「わかった」弟子たちは住職に、一斉に般若心経を唱え出した。胡座で、座り直した住職は、たちまち、阿弥陀如来の姿をした。

「阿弥陀様ですか」

「そうじゃ」やはりどすの利いた声で答えた。

右手の上品《じょうぼん》の印契と左手の下品《げぼん》の印契が逆ではないかと、引っかけてみた。

住職は、あわてて、左右の印契を変えようとしたが、気がついたのか、元に戻している。このことで、化けの皮は剥れているも、さらに、阿弥陀根本陀羅尼を唱えてほしいと責めた。住職は行き詰まった。

「どうしました。自分の陀羅尼が言えないのですか」と、さらに責めた。弟子たちには失望の色が顔に表われている。

「実在しない阿弥陀如来が、なぜ降りてくる。あなたみたいな人がいるから、真に信仰する者が迷うのだ‼」私の口調は強かった。

のちに住職は退職したとの知らせが入った。

道場破りが、返り討ちに遭ってしまった。

あくまで仏像は、信仰の対象であって、その仏から、正しく生きることを学ぶ、強欲はつつしみ、平和の幸福を願って手を合わせる。

ときには、反省もする。仏像を拝む者は、仏像から拝まれるようになることだ。

焼百万枚護摩供の満願の日、寺は信者等で溢れた。その中に、法現坊も、駆けつけてくれていた。修法している私を指して、師の法現坊は、信者の一人に「見よ、山田のあの姿を、あれこそ、まさしく不動明王ぞ」と言った。その信者は、法現坊の言ったことが理解できず、私にそのことを告げた。

法現坊の言葉がきっかけとなり、長年の間の謎が解けた。この護摩修行の一年前、私は標高六百メートルに位置する洞窟に百日間籠り、般若心経五万巻を読破する修行に入っていた。

その行も終わりに近づいた頃に、不思議なことが起こっている。一心不乱に経を読む、私の姿を、別の私が上から見ていたのである。一日何回も視たし、数日、その不思議な現象は続いた。しかし、不思議な現象も、その原因は解らなかった。修行を続けていれば、いつの日か、忽然と不動が現われてくる。そんなことを秘かに期待していた。しかし実在しない不動が現れる訳がない。このことは法現坊からも教わっていない。しかし法現坊は、その答えのヒントを与えてくれた。

「見よ、山田のあの姿を、あれこそ、まさしく不動明王ぞ」

洞窟で何度も視た、不思議な現象、臨死体験にも似た現象。そうだ、あの時、上から見ていたのが私であって、お経を唱えていた私が不動の姿なのだ。私はとうとう不動明王の本当の姿を拝していたことになる。求菩提権現は、本当に行者の本尊を見せてくれたのである。

長い間の修行によって、私の仏生が浄化されたのだった。この百日間、洞窟に籠ったことは、私には、とても意義があった。九十九日目、その日の行が終わったのが深夜近く、いよいよ明日は満願できる。朝二切れ、夕に二切れの切り餅だけで、よく体力が保てた。ちなみにこの行で十四キロ体重が減っている。そして十日間くらい寝た状態が続いた。闇の中で麓の民家の明かりを見ていた。

その時、天から声がした。天から声を聞いたのは、これで二度である。千日回峰行の中で、行に破れかけた時に一度聞いている。

今回は「死ぬ」

男の声で、闇の中から聞こえてきた。死ぬ、何と不吉な、と思った瞬間、そうだ、私もいつかは死ぬんだ。いつかわからない死を待つより、今日一日で生きたら、どう変わるだろうか。
「己が生命、今日一日限りと悟りきれば、貪《むさぼ》ることも、瞋《いか》ることも、妬《ねた》むことも、惜《お》しむこともない、そこに、信仰の道がある」

悟りを開いた瞬間であった。その感謝を表す意味で、求菩提権現に、かつて例のない、焼百万枚護摩を焚いて、お礼としてこたえた。

そのお礼か、権現は、私に本尊不動明王を見せてくれた。山田龍真、四十六歳で、日本でただ一人の大行満の位に就き、四十七歳で悟りを開き、同時に神格化していたのである。四十七歳の若さで神格化したなど、世間に自分からとても言えない。ここに初めて明かす。

七十八歳、もういいだろう。知識が修行によって浄化され、智慧となり、仏性が表れた。そこに到達するには、無欲無心で、長く仏に向かわなくてはならない。それが十三年、長いか、遅いか、わからない。

それ以来、三十年、腹を立てていない。

念持仏

仏像を拝んでいる人は多い。戦国時代の武将たちは、何らかの念持仏を拝んでいた。現代も、念持仏として、何らかの仏像を拝んでいる人は多い。その仏像も、開眼供養をしないで手を合わせているだけの人も中にはいる。

ほとんど僧侶に開眼式をしてもらって拝んでいると思うが、もしかしたら、その念持仏は正しく機能していないかもしれない。三身即一の中でも説明しているが、仏像を拝むことは、正しく生きる、平和を願って拝むのである。しかし念持仏として拝む場合は少し違ってくる。

不動明王像を念持仏として拝んでいる人に尋ねた。その人も、お坊さんに開眼入魂してもらったと言った。私が、開眼はわかるが、入魂された魂について問うと、わかりません、魂を入れたと聞いたので、魂が入ってると思っています、との答えである。

それで、その魂は何の魂ですか、と聞けば、
「わかりません」
ほとんどこんな具合である。

仏像には、それぞれ誓願《せいがん》というものがある。例えば、不動明王は、煩悩を除くという誓願がある。阿弥陀如来は、死者を浄に導くという誓願があり、薬師如来は、病気を治したり、痛みを取り除くという誓願がある。

ひとつの仏像が、すべてを叶えることはない。中には千手観音のように、千の仕事をできるという誓願を持っているが、はたしてその話が本当なのか、私には解らない。言い伝えの可能性が高いのではないか。念持仏に入魂する魂について、私が掴んできた真理で言わせてもらうと、**念持仏に入魂する魂は、あなた自身の過去世**というのが正しい。

それ以外の仏像を拝んでいれば、それは「礼拝仏」と呼ばなければならない。あなたの過去世を仏像に、意志疎通させることにより、念持仏の魂は、自分の過去世だと

堂々と言える。

そして、一心に毎日礼拝、読経することによって、過去世は、ぐんぐんと浄化して行く。護る力は、強力になってくるのは当然であろう。念持仏を持つに至っては、欲心を願ってはいけない。もしその人が亡くなれば、魂は、念持仏に即、成仏できるし、輪廻転生が早まる。

ここで一つ心配がある。本人が亡くなった後、家族が、その念持仏をどうするかである。高級な仏像ともなれば、寺などに預けられ、仏像は延命する。

私自身の念持仏は、三十歳の時に祀ったもので、総高一・六メートルある龍観音像である。観音様に母の霊を、龍に過去世を入魂している。

祀って四十八年目になる。そのお蔭か、七十八歳現役の行者で働いている。病気らしき病気もせず、風邪も引かない。

今は寺の御本尊として祀られ、多くの人に手を合わせてもらっている。私が没すれば、魂は龍体に入る、背護霊と過去世を一つの仏像として拝んでいる。

ちなみに護摩堂の不動明王像は、一木で刻まれていて、身の丈、八尺はある。

この不動の魂は、求菩提権現を勧請している。月の第一、第三の日曜日、十二時より、護摩を焚く。もちろん、導師は私である。しかも、助法する弟子等の熱気熱祷の気魄に、参拝者は感動する。年に二十四回、三十年も焚いている。

さらに修行中、この不動明王の前で二百五十万枚の護摩を焚いてきている。人は世界で一番、護摩を焚いた行者と称賛してくれる。どなたでも参拝できる。

大行満行者が導師で、護摩を焚く。こんな寺院は、他にない。

第四章　人の内にあるものと救済への道筋

煩悩

人間には百八つの煩悩があることは、誰もが知っている。その百八煩悩に、元となる五根煩悩がある。

貪《むさぼる》、瞋《いかる》、痴《おろか》、慢《あなどる》、疑《うたがう》。

これらの五根が、枝葉に別れて、百八となる。さらに枝葉に分かれて、人間には、八千もの煩悩があるという。真言密教最大の難行といわれているものに、焼八千枚護摩供がある。その意義は、八千の煩悩を摧滅《さいめつ》するということである。

五根煩悩の中でも、とくに、貪《とん》、瞋《じん》、痴《ち》の三つの煩悩のことを三毒という。この三毒の煩悩をむさぼると、人を大きく害することになる。人間が本来持っている、美しい心を失ってしまうのが、貪欲《どんよく》である。貪欲の強い人は、他人のことなど考えていない。とにかく、自分だけがよければと常に考えて行動している。強欲な醜い心の持ち主である。

さらに人間には、五欲というものがある。金欲、食欲、性欲、睡眠欲、名誉欲であって、この五欲の中の、とくに金欲、食欲、性欲の三つが、貪欲に加わってくると、大変なことになってくる。世間から、鬼、畜生と噂される、欲心は、ほどほどにした方がよい。物事には、節度というものがある。その度を越し続けると、必ず問題が発生する。

お金も、酒、タバコ、食べることも、遊ぶことも、賭け事も、そのことが原因となり、病気が発症したり、家庭崩壊につながる。

最終的に苦しむのは、自分自身である。

理趣経の一説に、「適悦清浄句是菩薩位《てきえつせいせいくしほさい》、愛清浄句是菩薩位《あいせいせいくしほさい》」とある。適悦（性行為）や、愛することは、菩薩の行為と説かれているのである。この二つの教えには、「正しい」という教えである。この「正しい」を間違うと、家庭崩壊の火種となる。

さらに「大欲清浄句是菩薩位《たいよくせいせいくしほさい》」とある。どの宗教も、欲を捨てるように教えているのに、理趣経では、大欲をもつことは、菩薩の行為といっている。この大欲とは、慈悲のことで、大きな救済の心を持ちなさいといっている。

貪欲と、金欲は、親戚筋に当たり、その動きは、真によく似ている。この二つの欲を重ね持つ者は、平気で人を騙し、金品を騙しとる。こんな人は、言葉巧みに、儲け話をもちかけてくる。投資すれば大きな利子が付くとか、人の欲心をそそるような嘘の話をもちかけてくる。騙される方にも欲心があるから、簡単に、その話にのってしまう。そして大金を失う。

そんなに簡単に、お金は儲からない。本当に儲かる話ならば、人にはしない。

こういった人間に、神や仏は、罰を与えないのだろうか。そう思う人は多いだろうが、神や仏は、罰を与えるために存在していない。したがって、罰は与えない。

ただ、どんなに苦しくなっても、助けてはくれない。神や仏も、とても忙しい、そんな、強欲で生きる者にかかわっている暇がない。強欲で生きる者は、段々と世間から見放され、友を失い、孤立してしまい、淋しい人生を送る。待っているのは、地獄である。

金欲

金欲の強い人は、目先の利益を追いかける。相手の利益など考えていない。とにかく、自分さえよければいい。自分だけが儲かればいいと、常にボロ儲けすることを考えている。会社経営や商売人が、こんな金欲を持っていたら、立ちどころに破綻してしまう。

金欲の強い人も、平気で嘘をつく、私利私欲が強い。賭け事に依存している人も、この類に入る。貪欲と金欲とは、親戚筋に当たることから、その動きはよく似ている。自己中心的な考え方、強欲なところ、人の利益など考えない。自分さえよければいい、そんな人に限って、意外とケチな人が多いので判別がつきやすい。

平日でも、どこのギャンブル場も大盛況している。なかには、仕事を放り出してまで行く。強欲な人たちが、一発当てて大儲けしようと夢を見る。働いて稼ぐお金は、強欲とは言わない。しかし、賭け事で儲けようとするその心は、強欲以外にない。勝てないとわかりながら、一発に賭ける。早く足を洗わないと、老後に苦しい生活を強いられることになる。ギャンブル依存症、とても恐い病気である。

何でも、手の中にある間は、そのものに感謝せず、失くして初めて気がつく。その大事さ、お金も、健康も、家庭も、大事なお金を浪費し、しかも人生で限られた大切な時間を使って、賭け事に熱中する。愚か者と言われても仕方がない。

人は、明日食べる米があって、明後日に食べる米のために、一生懸命働く。これが、理想的な生き方である。金欲と物欲は親子関係以上に似ている。物欲のある人は、ほしいと思ったら、我慢、辛抱ができない。つい衝動買いしてしまう。

その原因の一つが、ローンの支払方法である。そのために簡単にほしい物が手にできる。ローンの支払いに追われている間は、お金は残らない。家も車も、たとえ自分名義であっても、ローンの支払いがある間は、考え方によっては賃貸と変わらない、銀行の持ち物である。

足りないから、借りてその場をしのぐ、このやり方では進展はない。何とか我慢して辛抱して、その場をしのぐ方法で、先の道が開ける。

瞋恚《しんに》

三毒の二番目に、瞋《じん》（怒る）がある。

なにかにつけて、腹を立て、よく怒る。こんな人は、欲も深い。常に自分を中心にして、物事を考えていて、人の損など関係ない自分に、少しでも損になることが有れば、すぐに怒り出したり、愚痴ったりする。

貪欲と瞋恚は、友達で仲が良い。すぐに怒り出す人のことを、ガスバーナーとか、瞬間湯沸器とかいう。もっと激しく怒る人のことを、火炎放射器ともいう。こんな人は、すぐにカッと熱くなり、暴言を吐く、その時には、目を三角にして怒り出す。だから、誰でも判別がつく。嫉妬心が非常に強い。

こんな人が、身近にいたら、自分の方から、遠離《おんり》した方がよい。この人の知恵は、病気にかかっていて、治らない。

怒って得することは、何もない。友達を失い、家族も失うかもしれない。そして先には孤立してしまう。人は、自分の思い通りには動かない。私は、腹を立てない。私は怒らないと決めて、三十年になる。貪らないと、腹を立てることもなくなる。

痴《ち》

痴の上に、愚を加えると、愚痴になる。すなわち、痴とは、愚か者という意味である。瞋恚とは、兄弟にあたる。愚か者も、自分のことしか考えていない。自己中心的に物事を判断する。「損か徳か」常にそのことを考えて行動する。人が困る、人の不利益など関係ない。とにかく、自分を中心に物事を判断する。

少しでも、損ともなれば、愚痴り、不平不満を言う。瞋恚と同じで、知恵が病気に感染している。早く言えば、馬鹿者である。こんな人が、身近にいたら、早く離れた方がいい。この病気に感染していると治らない。

人間は生きている以上、五根煩悩や、五欲とは縁が切れない。かつて洞窟に百日間籠り、五万巻の般若心経を読んだ。その間の食事は、朝二切、夕二切の、切り餅だけである。それも素焼である。塩分の補給に梅干一個食べていた。一日のノルマ、般若心経五百巻を唱えることに集中した。完全に無欲、無我の世界に入っていたと思う。だから悟りが開けた。

早いもので、あれから三十年が過ぎている。その悟りを、今も、かたくなに守り通している。これから先、私を越える修験者は現れない。このことは、自信を持って言える。

この書を手にしていただいたお礼に、**幸せになれる秘訣**を教えたい。

とにかく**人が喜ぶように、助かるように生きる。**この二つを実践すると、間違いなく幸せになれる。

まず、心が豊かになり、懐も豊かになり、人間関係も良好になり、徳が向こうからやってくる。人に憎まれることもない。怨まれることもない。自らも人を恨む、怨むことがなくなり、心穏やかに、平和が築ける。やさしい言葉を添えてやれば、倍の効果が出る。私の寺で、いつも笑い声が絶えないのが、わかっていただけると思う。このことを実践するだけで、現世因縁の半分は解脱できる。

心は四つに変化する

その一つは、心配である。心を配ると書いて心配となる。心配は、したくないものであるが、本当に心配しなくてはならないこともある。子供や、老人、病人などに、常に心を配り、心配しなくてはならない。

しかし、多くの人は、心配しなくてもいい余計なことを心配する。そして心を痛める。心配しても解決できないことや、もしかして、こうなるんじゃないかと、心配ごとをつくって心配する。

心には、凄いパワーがある。無駄な心配をして、心の力を消費してしまう。そんな人は、本当に、その心配事を引き込んでしまう。

何かに嘆いている人は、その嘆きを、現実にしてしまい、やっぱり自分はついていないと嘆く。金、金と心配すると、そのことが顔に表われ、金は遠ざかってしまう。

子供が子供がと言っていたら、本当に子供で苦しむことになる。その子の才能を見い出してやり、その道を進めてやればいい。

利益を追求すると、利益に苦しむ。女性に執着すると、女性に苦しむ。つまり、自分の一番執着心の深いところで必ず苦しむ。よって心に一段と負担をかけてしまう。人は得ることは喜ぶが、失うことが一番恐い。

心の現れは、顔に出る。その顔の中でも、一寸の目に心の表が出る。苦虫をかんだ顔には、幸せは寄ってこない。笑顔には笑顔が返ってくるごとく、徳を施す人には、倍の徳が返ってくる。人に害を与える人には、その害が、そのままはね返ってくるのだ。嘘をつく人には、孤立が待っている。これら因果応報の話の中にも出てきている。人は、心配しても解決できないことを心配してはいけない。心に負担をかけてしまうからだ。

心に負担がかかると、睡眠がうまくとれなくなる。そんなことから、心の力が、急激に減少して、バランスを崩す。ここで心配が、心痛に変化する。心配事を以前より大きく心配するようになり、常に心の中に心配事が消えない。ますます睡眠が充分に取れなくなり、脳が興奮状態に陥る。

こうなったら薬をもっても、効力はない。心の力が弱りきって、脳疲労が重なり心痛が心苦に変わる。こうなったら、やっかいなことになる。まず、言動がおかしくなる。食欲がなくなり、頻繁に溜息をつく。過呼吸状態に入り、心臓がパクつく。そして救急車のお世話になる。そのまま放置すれば、人は倒れる。この状態を心労という。

心労に陥り倒れた二例を取り上げてみる。

早朝、寺の門戸を、叩く音に起こされた。時計を見ると四時、何事が起こったのかと出てみた。そこに、五十代の男女と二十代と思える男女四人が立っていた。全ったく見知らぬ人たちである。

「何事です。こんなに早い時間に」

某寺から紹介を受けて、尋ねて来ましたが、道に迷って、こんな時間になってしまったと言う。カーナビとか、携帯電話のない時代である。

私はあなたの言う某寺から、何の連絡も受けていない、悪いがお引き取りくださいと言うと、なんとか妻を助けてほしいと言う。

御主人らしき男性この悲痛な願いを断り切れず、寺内に通した。

娘夫婦という二人は、玄関に立ったまま、上ってこない。

助けてほしいというその女性は、寺の柱に背を支えるように座り、両足を投げ出している。目はまばたきもせず、一点を見据えている。明らかに精神に異常をきたしている。かなり重障であり、私の手におえない。先ほどの心労の世界に陥ってしまっている。このままでは危険なので病院に連れて行って、注射で眠らせないと‼ 奥さんは何日も眠ってないと思う、先に病院に、と勧めた。

御主人の話では、十日ほど前から少し言動がおかしくなり、霊の障りかもと、ある寺に連れて行ったところ、先祖に首を吊って死んでいる者が障っていると言われた。これまで聞いたこともなかったが、言われるまま供養してもらった。ところが、そのことを機に、妻は腰紐を持ち歩き、首を吊る仕種をするようになり、そんな妻から目が放せず、自分も会社を休んでいる。

そのことを知った知人が、良い寺があると紹介されたのが某寺である。某寺では、妻に猫の霊が憑いていると言われた。そこで猫の供養をしてもらったが、そのことを境に、妻は四つ足で歩き、ニャニャと猫の泣き声を発することになった。そのことを某寺に連絡すると、私の寺を勧められたという。

全くもって迷惑な話である。私が、犬の霊が憑いているといったら、ワンワンと鳴くのだろう。ちなみに動物霊は、人間には憑かない。

「奥さんは、何か、極度の心配事を抱えている」

その言葉には、御主人は心当りがないと言った。

その時、玄関に立っていた娘が泣き崩れた。そして、私達のせいですと言った。主人が、ギャンブルで作った街金融からの多額の借金が発覚して、母に相談したと言う。初めてそのことを知った御主人、金は近日中になんとか工面する、その一言で、猫つきの女性、早く病院に連れて行って、眠りたいと言った。早朝の出来事で少々、腹も立ったが、一人の生命を救った。

猫の次は、犬に取り憑かれた男の話である。

寺の近くに住む母親と息子の嫁がやってきた。息子を助けてほしいと言う。二ヶ月前くらいから、息子は、会社にも行かず、家にとじこもってしまった。その後、言動が、おかしくなり、今は入院しているというが、回復の見込みがなく困っている。入院先は、精神病院である。

話だけでは、本人がいないので、どうしようもない。とにかく、お宅に行ってみよう。仏壇の前で、得意の霊示を取った。今まで、私の霊示は、外れたことはない。

「刃物の因縁です。お宅に刀がありますね」

「昔は、軍刀がありましたが、危ないので人に差し上げて、今はありません」

もう一度霊示を取り直したが、やはり刃物と出た。

しかし、我が家には刀はないと主張する母親。ある、ないでは、何の解決にもならない。よく探して見てくださいと、私は寺に帰った。

もし、刀がなかったら、近所ゆえに、このことが噂となり広がれば、私の信用にかかわってくる。その心配が現実となる。その日の夕方に、電話で告げてきた。家族、総動員して、タンスを動かし押入れ、家根裏まで、くまなく探したが、刀はなかった。その日から三日経った母親と嫁が、大きな風呂敷包を抱えてやってきた。「先生、刀が出て来ました」仏壇の後から出てきたのだった。

以前にも、一人住まいの老女が、頭が痛くてたまらないと言ったが、その原因は押入れの中にある刀だと言ったところ、押入れの中に軍刀があった。

さて持ち込まれた刀は、白鞘の長物四振り、居合道四段の私は、刀には興味があるも、仏門に入って、きっぱり刀と縁を切っている。

四本の中の一本を指摘した。この刀に因縁があります。刀身を見るために鞘を振う。しかしなぜか、抜けない。渾身の力をもっても、鞘払いが出来ない。

おかしいですね。こうなったら鞘を割るしかない。割ってもいいと許可を得て、鞘を割り、刀身を見て、その場に居合せた者の顔色が変わった。

これは警察に届けなくてはならない。二尺四寸の刀身には、明らかに血とわかる物が大量に附着していて、すでに血はどす黒く、刀身に錆が生じ始めていた。血がノリのようになって、刀身が抜けなかったのだ。

母親は、警察に届けるのは待ってほしい、息子はそんな大それたことはできない、とにかく息子に会ってほしいと言う。

病院に同行して息子に会った。その息子の言うのには、友達にお金を貸したが、返済できないと、刀を渡された。刀とはどれくらい切れるものかと、野良犬を山中に連れ込み、試し切りしたという、恐ろしい話をした。近くで農作業していた人が、犬の惨末の鳴き声を聞き、走り寄ってきたので、あわてて家に逃げ帰った。

そのことが後悔となり、良心の可責に苛まれ、眠れなくなったと話した。先ほどの、心労の世界に陥ったのである。

本人の案内でその現場に行ったが、その跡も見られなかった。おそらく駆け付けた人が葬ってやったと思われる。犬の供養としてお経を唱え、犬は成仏したと本人を安心させるために言った。本当のところ、成仏したのか私にもわからなかった。

息子も家族も、その場に泣き伏した。何ということをしたのかと母親は息子を責めていた。

それから間もなく息子は退院してきて、母親と、寺にお礼に来ている。そして、四本の刀を私にもらってほしいと差し出した。私は、刀を誰かに買ってもらって、犬の供養に使うよう指示した。

心労に陥る要素はいくつもある。夫の浮気、金銭問題、人関係など、いくつもある。心にも限界がある。心労は、どのような強人でも倒す。

修行を続けることによって、無我の境地に達する。無我によって深想になる。深想とは、心の考えより、一歩、奥に進んだ状態をいう。一般的に、深想のことを、守護霊と言っているようである。すなわち自分自身である。夢を見るのも、深想である。何も考えていないのに、無で夢を見る。何もかも、忘れるから、深想の状態になれる。すなわち、八苦を忘れるからである。八苦とは次のとおりである。

一、生——人は母親の体から生まれ出てくる時、子宮の入口で、仮死状態になる。その時の苦しみは、記憶に残っていない。

二、老——誰もが、年を取り老けて行く。このことに悩み苦しむ。

三、病——生きている以上、病はつきまとう。

四、死——行ったことのない世界に、人は恐怖心をもつ。

五、愛別離苦《あいべつりく》——生き別れ、死に別れ、出合いは別離の始まりである。

六、怨憎会苦《おんぞうえく》——生きている以上、恨み、怨みはつきまとう。

七、求不得苦《ぐふとくく》——求める物が、手に入いらない苦しみ。

八、五取蘊苦《ごしゅうんく》——精神と肉体、人間そのものが、苦である。

これら四句八苦の苦しみを打破するために、人は、修行したり、座禅したり、瞑想したりして、深想の世界に入ろうとする。

八風《はっぷう》

この八風の教えを、遠い昔、法現坊から教わった。八風の話は、とても興味深い。この八風の風を感じることは、難しいかもしれないが、冷静に、現在の自分の周りの環境を見れば、どの風が吹いているか、わかるようになる。

一、衰――この風が吹くときには、どんなに努力しても、頑張っても、何をやっても、裏目に出る。この衰の風が吹いている時は、動かない方がいい。

二、苦――この風が吹くと、人は予期せぬ苦しみに出会うことがある。難問題を抱えこんでしまうこともある。こんな時、決して諦めたり、悲観してはならない。風が吹きぬけるまで、じっとして動かぬことだ。

三、毀――この風が吹くと、何かしようとする時に、思わぬ人から陰で非難され中傷されることがある。そういった時は、反撃しないで、無視していたら、早く風は止む。反撃すればするほど、毀の風は強く吹く。

四、称――この風が吹くと、目の前で褒められる。この称の風には、多分にお世辞が入っていると思ったがいい。有頂天になっていると、称の風に吹き倒される。

五、譏――この風が吹く意味は、そしることである。それも面と向かってそしってくる。そんなことから腹が立つ。しかし、よく考えてみると、そのそしる言葉は、心底から思って言ってくれていることに気づくはずだ。譏の風が吹くということは、とてもありがたい。その人に感謝せねば。

六、誉――この風が吹くときは、誉とは、ほまれのことで、誉の風は他人を通して吹いてくる。この風が吹く時には、有難くその風に当たって、喜んでいればいい。

七、楽――この風が吹くときは、物事が都合よく運ぶ。気を付けなくてはいけないことは、有頂天になって、過信してはいけない。人を見下げたり、馬鹿にしたりすると、この風の逃げ足は早い。

八、利――この風が吹くときは、最高の運が身元につき、やること全てうまく事が運ぶ。利益の風が吹きまくっている。この風が少しでも長く吹き続けるように、笑顔で、頭を下げていればいい。

以上が八風である。今のあなたの身の周りにも、この中の一つが吹いている。

あとがき

この書を手にしていただき、読んでいただいたことに、心より感謝申し上げたい。

仏門に入って四十八年、その間に、いくつかの良い話が持ちこまれたが、私は、求菩提山の修験者として、誇りをもっている。

今のままでいい。すばらしい弟子等に支えられ、多くの信者さんの支持を受け、毎日の活動が楽しい。

私が没した後、百年二百年に、求菩提山には、日本一の修験者がいたと語られる。

その日のためにも、今の生き方、宗教への真理は、変えてはならないと心に誓っている。

私の教え「人が喜ぶように、人が助かるように、やさしく語る」とのことを実践して、幸せに、この世を楽しんでほしい。

合掌　求菩提修験者

大行満　山田龍真

山田 龍真

求菩堤山《くぼてさん》修験道根本道場奥之院座主 大行満
27歳の時、全身に激痛を伴う原因不明の病に倒れたが、生涯の師・丸塚法現と出会い、亡母の供養を行ったところ、一晩で病が完治する奇跡を体験。それをきっかけに30歳で出家得度、39歳で伝法灌頂を受け阿闍梨となる。
1980年より求菩提山で修験道の修業を開始、1986年、千日行を満行し、116年ぶり史上18人目の大行満位となったほか、十日間即身成仏行、一千座焼百万枚護摩供など、数々の前人未到の荒行を達成した。

因縁打破
——修験道最高位・大行満 山田龍真が語る不可知の世界——

2020年1月30日　初版第1刷発行

著　者　山田龍真（やまだ りゅうしん）

装　幀　emic　原 守

発行者　高橋秀和
発行所　今日《こんにち》の話題社《わだいしゃ》
東京都品川区平塚2-1-16 KKビル5F
TEL 03-3782-5231　FAX 03-3785-0882

印　刷　平文社
製　本　難波製本

ISBN978-4-87565-651-7　C0011